Die Religionen und die Vernunft

Die Religionen und die Vernunft

Die Debatte um die Regensburger Vorlesung des Papstes

Herausgegeben von Knut Wenzel

HERDER

FREIBURG · BASEL · WIEN

Alle Rechte vorbehalten
© Verlag Herder, Freiburg im Breisgau 2007
www.herder.de
Umschlaggestaltung: Groothuis, Lohfert, Consorten | glcons.de
Satz: dtp studio mainz, Jörg Eckart
Druck und Bindung: freiburger graphische betriebe
www.fgb.de
Gedruckt auf umweltfreundlichem, chlorfrei gebleichtem Papier
Printed in Germany

ISBN 978-3-451-29709-0

Inhaltsverzeichnis

Vorwort

Als die Vorbereitungen des Pastoralbesuchs Papst Benedikts XVI. in Bayern Gestalt annahmen, wurde auch der Wunsch des Papsts deutlich, dass es zu einer Begegnung mit der Wissenschaft kommen solle. Regensburg ergab sich als der geborene Ort hierfür. Die dann am 12. September 2006 im *Auditorium maximum* der Universität Regensburg gehaltene Vorlesung über „Glaube, Vernunft und Universität" wurde zu einer der einflussreichsten Reden der letzten Jahre überhaupt und ist deswegen wohl zu Recht zur „Rede des Jahres 2006" gewählt worden.

Gleichwohl kann die Bedeutung der Regensburger Vorlesung nicht durch ihr Medienecho bestimmt werden und ist auch nicht vordergründig an – auch medial induzierten – heftigen Reaktionen auf Passagen, die Anstoß erregt haben, ablesbar. Die globalisierte Berichterstattung hat zwar die Welt in ihrer Einheit und Ganzheit als Thema erschlossen; sie zwingt aber auch oft zu simultanen Reaktionen auf Ereignisse, zu Reaktionen, wie man sagt, „in Echtzeit". Es ist deswegen ein bemerkenswertes Zeichen für die eigene Integrität und gegen den Zwang zur Simultanität, dass der Präsident des Amts für Religiöse Angelegenheiten der Türkei, Ali Bardakoglu, eine erste medial abgenötigte Reaktion „in Echtzeit" später, nach ruhiger Befassung mit dem Text der Vorlesung, korrigiert hat und zu einem ausgewogenen Urteil gelangt ist.

Die Bedeutung der Regensburger Vorlesung Papst Benedikts liegt in der Substanz der objektiven Fragen, die in ihr angesprochen oder von ihr impliziert werden: Die Frage nach dem Verhältnis von Glaube und Vernunft stellt nicht nur einen ehrwürdigen Topos in Fundamentaltheologie und Religionsphilosophie dar, sie ist vielmehr ganz vital die Frage danach, wie

Menschen sich über das verständigen, was ihnen die Grundlage aller Wirklichkeit ist, was ihnen, gemäß der Sprache der monotheistischen Religionen, Gott ist. Wird der Glaube an Gott, wird Gott selbst einfach als wahr gesetzt – und als Wahrheit dann auch durchgesetzt –, oder trägt und erträgt es der Glaube, freigegeben zu werden zur Übersetzung in eine Sprache der Verständigung, die den Anderen anerkennt, indem sie den eigenen Glauben zu erklären sucht? Papst Benedikt hat unmissverständlich die letztere Möglichkeit als dem christlichen Glauben gemäß markiert. Die Sprache des Glaubens ist die Sprache der Vernunft; sie sucht ihre Rede zu begründen und sie dadurch nachvollziehbar zu machen, wodurch sie den anderen Menschen noch vor der Frage anerkennt, ob dieser den eigenen Glauben teilt oder nicht. Die Sprache der Vernunft ist eine Sprache der Anerkennung des Anderen. Die Verweigerung solcher Anerkennung ist – Gewalt.

Im Licht dieser Fragen nach der Vernünftigkeit des Glaubens wird, dies ist durch die Vorlesung des Papsts deutlich geworden, ein innerer Zusammenhang zwischen dem Verhältnis der Religionen zueinander und der Verankerung vernünftiger Glaubensrede im Diskurs der Gesellschaft sichtbar. Bemerkenswert dürfte sein, dass in der auf die Vorlesung folgenden Debatte über diesen Zusammenhang als Zusammenhang der Vernunft Konsens besteht. Diskutiert wird aber, welche Konsequenzen sich hieraus ergeben: Wie bestimmen Religionen ihr Verhältnis zueinander und wie zu oder in einer nicht (mehr) religiös gebundenen Gesellschaft? Wie kommen sie zu einer Einschätzung einer jeweils anderen Religion – etwa mit Blick auf deren „Vernünftigkeit" –, und wie bringen sie eine solche Einschätzung zur Geltung? Wie gelangt eine Religion geschichtlich zur Einsicht in die Notwendigkeit vernünftiger, und das heißt: gewaltfreier, Glaubensartikulation – durch eine organische Entfaltung ihrer Prinzipien, oder durch eine eigene Geschichte der Schuld hindurch? Und schließlich: Wie viel Respekt gegenüber den Geltungsansprüchen der Religion muss eine säkulare Gesellschaft aufbringen, will sie ihrem eigenen Anspruch auf Vernünftigkeit gerecht werden?

Die in diesem Band versammelten Beiträge haben sich von Papst Benedikts Regensburger Vorlesung zur Erörterung dieser Fragen anregen oder herausfordern lassen. Exemplarisch repräsentieren sie die ganze Bandbreite der Debatte. Deren Dokumentation antwortet zudem auf das Anliegen des Papsts, dass es durch seine Vorlesung zu einer Begegnung mit der Wissenschaft kommen möge.

Knut Wenzel

Glaube und Vernunft, Stolz und List

Ein Rückblick auf die Regensburger Rede von Papst
Benedikt XVI.

von Uwe Justus Wenzel

Für einen Moment schien die Trennung von Thron und Altar
wieder aufgehoben. Einen welthistorischen Augenblick lang
amtete der katholische Oberhirte zugleich als symbolischer
Repräsentant des säkularen Staates und des Menschenrechts
der Meinungsäußerungsfreiheit. Als der Papst im September
2006 den Sturm erntete, den Professor Ratzinger beinahe bei-
läufig als den Wind eines eher gelehrten Vortrages über Glaube, Vernunft und Universität in der Regensburger Alma Mater
gesät hatte, wurde er auch von weltlichen Mächten beschirmt
und verteidigt. Es galt, Farbe zu bekennen. Empörung über einige verklausulierte und doch undiplomatische Bemerkungen
zum Verhältnis von muslimischem Glauben und Gewalt schlug
Benedikt aus der islamischen Welt entgegen. Der Vatikan und
der Westen, das christliche und das freiheitsliebende Abend-
land standen zusammen.

Aber eben nur für den Augenblick einer kurz aufflackernden
Krise. Darum wird man zögern, im Papst nun einen Abge-
sandten der Europäischen Union zu sehen, der in diesen Tagen
(Ende November 2006) seine erste Reise in ein Land mit muslimischer Bevölkerungsmehrheit zu absolvieren hat. Eine Rolle als spiritueller Chefbeamter oder kirchlicher Erweiterungs-
kommissar der EU könnte er schon allein deswegen kaum
spielen, weil die Skepsis Joseph Ratzingers gegenüber einem
Beitritt des Kandidaten Türkei aktenkundig ist. Aber andererseits wird man ihn bei seiner Mission am Bosporus auch zum

Repräsentanten „der" Christenheit nicht erheben können. Schließlich trifft der Papst in Istanbul, weiland Konstantinopel, auf den ranghöchsten Patriarchen der ökumenischen Konkurrenz: der orthodoxen Kirche, die von der katholischen seit einem knappen Jahrtausend durch ein tief reichendes Schisma getrennt ist.

Als versöhnliche Geste eigener Art, adressiert an die östlichen Brüder und Schwestern im Glauben, ließe sich vor diesem Hintergrund – und mit einer kleinen Portion Phantasie – immerhin jener Umstand deuten, der auch die wohlwollenden Interpreten des Regensburger Vortrages bis heute in Verlegenheit bringt: Benedikt zitierte einen byzantinischen Kaiser, Manuel II. Palaiologos, und dessen in Dialogform verfasste antiislamische Streitschrift, um für die Koalition von Religion und Vernunft zu werben. Er hätte andere und für muslimische Ohren besser beleumundete Autoritäten bemühen können – doch nein, er wählte einen Repräsentanten Ostroms, der in einer Zeit lebte (1350–1425), da das christliche Byzanz zu einem Kleinstaat geschrumpft und dem Osmanischen Reich tributpflichtig geworden war. Fast wie eine Kommentierung dieser Konstellation – wie ihre Übersetzung in Klartext – klingt, was der Sekretär des Päpstlichen Rats zur Förderung der Einheit der Christen, Kurienkardinal Walter Kasper, der „Frankfurter Allgemeinen Zeitung" zu Protokoll gegeben hat: „Die Konflikte in der globalisierten Welt zwingen die Christen, zusammenzurücken und ihre Gemeinsamkeiten gegenüber der islamischen, aber auch der säkularisierten Welt zu entdecken."[1]

„Die Christen" – das sind in diesem Fall die „Kirchen des Ostens und des Westens", nicht aber die Kirchen, die aus der Reformation hervorgegangen sind. Protestanten und Reformierte sind von den Katholiken (und den Orthodoxen) durch ein anderes Kirchenverständnis sowie eine andere Auffassung der Sakramente getrennt. – Und durch eine andere Vorstellung des Verhältnisses von Glaube und Vernunft. Das jedenfalls suggeriert die zwischen gelehrtem Vortrag und religionspolitischer Provokation changierende Regensburger Rede, die als deutungsbedürftige Quelle der Benedikt-Hermeneutik noch nicht versiegt ist.

Ins Auge sticht aus einigem Abstand, dass Benedikt den Protestantismus derselben Verfehlung zeiht, die er – durch den Mund des byzantinischen Kaisers Manuel – den Anhängern Mohammeds vorhält: Religion und Vernunft auseinander zu reißen. Die Folge im einen, im islamischen Fall, so legt der Redetext nahe, sei das Schwert, mit dem der vermeintlich rechte Glaube verbreitet werde; im anderen Fall sei es der Subjektivismus des Gewissens, die „Beliebigkeit" des individuellen Gottesverhältnisses, die dem Relativismus des modernen Lebens kaum noch etwas – jedenfalls keine „gemeinschaftsbildende Kraft" mehr – entgegenzusetzen habe. Protestantismus und Islamismus als zwei Seiten derselben Medaille? Das wäre wohl eine Zuspitzung des Gedankens, aber es wäre noch derselbe Gedanke.

Auch Anhänger Luthers und Zwinglis hätten also, wären sie im Aushalten und argumentativen Austragen von Differenzen weniger geübt, auf die Straße gehen können, um gegen den römischen Oberhirten zu demonstrieren. Ihnen hätten sich noch die Kant verpflichteten Philosophen zugesellen können, denn Benedikt charakterisiert Kant als radikalen Vollstrecker der Reformation (und entstellt in erheiternd skurriler Weise ein berühmtes Zitat). Das reformatorische Programm stellt sich dem Papst als Ausfluss einer Sorge dar – der Sorge, den Glauben vor der Fremdbestimmung durch ein „nicht aus ihm kommendes Denken" zu schützen. Mit der Abschottung gegen das vernünftige Denken, das seine – europäische – Geburtsstätte im antiken Griechenland besitze, begebe sich der reformatorische Glaube jedoch jeder Welthaltigkeit. Zugleich und im Gegenzug trage er zur Verengung und Verarmung des Vernunftbegriffs bei.

Ganz unbemerkt und unbeantwortet ist die päpstliche Herausforderung des Protestantismus nicht geblieben. Bischof Wolfgang Huber, der Vorsitzende des Rates der Evangelischen Kirche in Deutschland, hat in einer beachtlichen Replik, die zum Reformationstag in der „Frankfurter Allgemeinen" publiziert worden ist, die evangelische Perspektive (und auch Kant) verteidigt und einige Missdeutungen korrigiert.[2] Dabei reklamiert auch er, selbstverständlich, die Vernunft für den Glauben, wenn auch statt der griechischen die nachmetaphysische Vernunft der Neuzeit; und er weist – zu Recht – auf die Ausbildung der Theologie zu einer „kritischen Wissenschaft im modernen Sinn" hin, die von der Reformation auf den Weg gebracht worden sei. Wenn nicht alles täuscht, ist der theologisch wie religionsphilosophisch interessanteste Aspekt – der Punkt der intensivsten Differenz – in einem Vorbehalt versteckt, den Huber macht.

In Entgegnung auf die Warnung Benedikts, vom Christentum bleibe, wenn Glaube und Vernunft auseinanderdividiert würden, „nur ein armseliges Fragmentstück" übrig, erinnert Huber – eingedenk eines Wortes von Paulus über das „stückweise" Erkennen im ersten Korintherbrief – daran, dass alle Theologie bruchstückhaft bleiben müsse. Absolute Glaubensgewissheit, könnte man frei variierend sagen, lässt sich hienieden ebenso wenig erlangen wie unbedingte Vernunftgewissheit. Kürzlich hat der Philosoph Jürgen Habermas den theologischen Disput zwischen dem Papst und dem Bischof en passant kommentiert und in postmetaphysischer Bescheidenheit beiden Parteien „ein Quentchen zu viel an Vernunftstolz" attestiert. Auf katholischer Seite dürfte davon freilich doch ein Gran mehr zu verzeichnen sein.

Wie auch immer, gegen ein hohes Maß an Vernunftstolz spricht wenig, wenn der liberale Staat den Stolz auf seine Vernunft hegt, auf die Vernunft des friedlichen Ausgleichs. Denn das säkulare Gemeinwesen muss, wie Habermas nach seiner zitierten Mutmaßung fortfährt, „darauf bestehen, dass die Verträglichkeit des Glaubens mit der Vernunft allen religiösen Bekenntnissen zugemutet wird. Diese Qualität darf nicht als die exklusive Eigenschaft einer bestimmten, an eine westliche Traditionslinie gebundenen Religion beansprucht werden." Mit eben dieser Zumutung hat Benedikt XVI. im September in Regensburg die Menschen muslimischen Glaubens konfrontiert. Er ist dabei zwar nicht sehr umsichtig vorgegangen, und er hat zudem die der Vernunft durchaus zugewandten Traditionen der islamischen Theologie unterschlagen. Aber ohne seine Intervention hätte der vielbeschworene und wenig gepflegte Dialog der Religionen und Kulturen eine gewichtige Gelegenheit weniger erhalten, sich zu bewähren. Provozierender Vernunftstolz könnte sich dereinst mithin als eine geschichtsträchtige List der Vernunft erweisen.

Anmerkungen

[1] [FAZ, Nr. 276, 27.11.06, S. 8. Anmerkungen des Herausgebers sind in eckige Klammern gesetzt.]
[2] [Vgl. in diesem Band, S. 57–70.]

Ein muslimischer Kommentar zur Regensburger Vorlesung Papst Benedikts XVI.

von Aref Ali Nayed

Am 12. September 2006 hielt der Pontifex der Katholischen Kirche, Benedikt XVI., eine Vorlesung an der Universität Regensburg, unter dem Titel: „Glaube, Vernunft und Universität. Erinnerungen und Reflexionen"[1]. Seine Vorlesung hat dem katholisch-muslimischen Verhältnis einen tiefen und schmerzvollen Bruch zugefügt, in diplomatischer und politischer Hinsicht und vor allem: populistisch ausbeutbar. Die oberflächliche mediale Behandlung der Vorlesung und die Intensität populistischer Reaktionen auf diese Berichterstattung hat eine vernünftige Erörterung und Kritik ihres Gehalts weitgehend verhindert. Dieser Beitrag zielt auf eine gründliche Analyse der Vorlesung. In einer unbarmherzigen Welt der Kriege und des Unfriedens ist es von größter Bedeutung, dass alle religiösen Führer verantwortungsvoll sprechen und handeln. Das Schwergewicht der Verantwortung steht in direktem Verhältnis zur Bedeutung des religiösen Amts, kraft dessen man sich äußert. Alle möglichen Universitätsprofessoren mögen alle möglichen unfreundlichen Behauptungen über den Islam und die Muslime aufstellen; sie werden in der Regel zu recht ignoriert.

Es ist eine Sache, die Regensburger Vorlesung Joseph Ratzinger als Benedikt XVI., Papst der römisch-katholischen Kirche und Oberhaupt aller Katholiken, zuzuschreiben. Es ist eine andere Sache, sie Joseph Ratzinger als einem deutschen Professor der Theologie zuzuschreiben. Der nostalgische Tenor der Eröffnungspassage und der Rückbezug auf die Antrittsvorlesung von 1959 machen deutlich, dass Ratzinger bis zu einem gewissen Grad als deutscher Theologieprofessor spricht. Da er aber als Benedikt XVI. „neu erschaffen" worden ist und seine Vorlesung angetan mit einem kirchlichen Gewand hielt, ist es nur natürlich, dass deren Rezipienten trotz der sympathischen Nostalgie Ratzingers kirchliche Rolle nicht einfach ausklammern können. Das ist auch der Grund, weswegen die Vorlesung nicht ignoriert werden kann und man sich in jeder Hinsicht mit ihr beschäftigen muss.

Es ist dabei für Muslime von Bedeutung, dass sie, im Geist der Fairness, der dem Islam teuer ist, alles begrüßen und unterstützen, was in der Vorlesung positiv ist. Ein solcher Aspekt ist die – leider an das Ende gerückte – Thematisierung der Bedeutung einer Vertiefung und Ausweitung des westlichen Vernunftbegriffs, um den Beitrag der Offenbarungsreligion in ihn aufnehmen und ihm einen Platz zuweisen zu können. Der antipositivistischen Kritik an einem allgemeinen akademischen Vernunftverständnis des Westens können viele Muslime problemlos zustimmen. Solch eine Kritik ist aber nicht originell, insofern sie aus den antipositivistischen Entwicklungen der Wissenschaftsphilosophie mindestens seit den Arbeiten Karl Poppers und seiner Schüler folgt. Gleichwohl ist die Verwendung einer solchen antipositivistischen Argumentation allemal nützlich, um dem Diskurs der Offenbarung den Weg zu ebnen.

Es besteht kein Zweifel daran, dass Benedikt sehr am Islam interessiert ist und ihn sehr ernst nimmt. Dennoch scheint die entsprechende Forschung, mit der er sich befasst, einigermaßen speziell und begrenzt zu sein. Als ein katholischer Gelehrter, der spezialisierter Forschung mit Respekt begegnet, scheint Benedikt sich stark an den Arbeiten katholischer Orientalisten zu orientieren, die zu einem Teil dem Islam nicht gerade wohl gesonnen sind. Das jährliche Treffen mit seinem

Schülerkreis hatte Benedikt im vergangenen Jahr dem Studium der Gottesvorstellung im Islam gewidmet. Gegenstand und Inhalt dieses Treffens ist von unmittelbarer Bedeutung für seine Regensburger Vorlesung. Es wäre für Benedikt hilfreich gewesen, muslimische Theologen das islamische Gottesverständnis erörtern zu hören. Stattdessen lud er seine Schüler ein, von zwei katholischen Experten für Fragen des Islams und der christlich-muslimischen Beziehungen zu lernen: vom deutschen Jesuiten Christian Troll[2] und vom ägyptischen Jesuiten Samir Khalil Samir, die beide dazu neigen, dem „traditionellen Islam" mit tiefem Misstrauen zu begegnen. Troll ist von der Reformbedürftigkeit des Islams überzeugt und unterstützt aktiv nicht-traditionalistische „Reformer". Samir ist dem Islam, ob traditionell oder „reformiert", weniger freundlich, sondern oft sogar ausgesprochen feindlich gesonnen. Wie auch andere enge Berater Benedikts, so etwa der amerikanische Jesuit Joseph Fessio, verfolgt er einen islamophoben Zugang, was die Ausrichtung der Regensburger Vorlesung erklären mag. Einige der engsten Berater Benedikts in Fragen des Islam sind der Überzeugung, dass diese Religion in ihrem Wesen gewaltsam ist und fürchten ihre Ausbreitung. Einige katholische und weltliche Berater, die es besser wissen und nicht die Islamophobie dem Herz des Papsts eingeflößt haben, sind marginalisiert und ignoriert worden oder haben sich zurückgezogen. Manche, wie etwa Bischof Michael Fitzgerald[3], sind auf andere respektable, aber weniger bedeutende Posten versetzt worden. Die Integrierung des Päpstlichen Rats für den Interreligiösen Dialog in den Päpstlichen Rat für Kultur und der anhaltende Verfall des Päpstlichen Instituts für Arabische und Islamische Studien haben eine Situation geschaffen, in der Benedikt in Fragen des Islam zunehmend von Personen beraten wird, die diesem äußerst unfreundlich gegenüber stehen.

Muslimische Gelehrte sollten sich um die intellektuelle und theologische Aufmerksamkeit Benedikts bemühen, und der katholische Pontifex sollte seine Berater aus einem weiteren Feld auswählen. Er sollte wachsam gegenüber allzu engen und vorurteilsbehafteten Wahrnehmungen sein, auch wenn diese von so genannten Experten der Islamwissenschaften vorgetragen werden. Er sollte auch Vorsicht gegenüber solchen Beanspruchungen von Sachverstand durch arabische katholische Wissenschaftler üben, die im Grund ethnisch bestimmt sind. Mitglieder von Minderheiten innerhalb einer größeren Kultur sind manchmal gerade keine Experten für deren vollen Reichtum, weil sie von Gefühlen der Verfolgung und von Zerstörungsängsten besessen sind. Auf der anderen Seite gibt es arabische Christen, sowohl katholischer als auch nicht-katholischer Provenienz, die den Papst sehr gut beraten können. Respektable und gerechte Persönlichkeiten wie Bischof Michael Sabah[4] und Metropolit George Khoder können Benedikt ein gründliches Verständnis des Islam und der Muslime vermitteln. Es gibt auch einige nicht-arabische katholische Orientalisten, die von großer Hilfe sein können, wie etwa Maurice Borrmans[5], Michel Lagarde[6], Etienne Renault und Thomas Michel[7].

In Zeiten von Krieg und Unfrieden tendieren wir dazu, den Ansichten derer zu vertrauen, die uns einen als solchen wahrgenommenen Feind fürchten lassen und unsere Energien gegen ihn mobilisieren. Es ist deswegen gefährlich, dass Benedikts Berater in Fragen des Islam Aussagen wie diese treffen: „Der Westen steht wieder einmal unter Belagerung, und zwar in doppelter Hinsicht, denn neben den Terroranschlägen existiert eine neue Form der Eroberung: Immigration in Verbindung mit hohen Geburtenraten. Wir wollen hoffen, dass, dem mutigen Beispiel des Heiligen Vaters in diesen bewegten Zeiten folgend, ein Dialog möglich ist, dessen Inhalt die Wahrheitsansprüche von Christentum und Islam sind."[8] Solche Ansichten sind Spiegelbilder der Überzeugungen pseudo-islamischer Terroristen. Es ist notwendig, dass Muslime und Nicht-Muslime, seriöse und faire Wissenschaftler, den Papst in eine gelehrte und intellektuelle Diskussion jener Art, die er zu Beginn seiner Vorlesung preist, einbeziehen:

„Es gab jedes Semester einen *dies academicus*, an dem sich Professoren aller Fakultäten den Studenten der gesamten Universität vorstellten und so ein wirkliches Erleben von *universitas* möglich wurde: Dass wir in allen Spezialisierungen, die uns manchmal sprachlos füreinander machen, doch ein Ganzes bilden und im Ganzen der einen Vernunft mit all ihren Dimensionen arbeiten und so auch in einer gemeinschaftlichen Verantwortung für den rechten Gebrauch der Vernunft stehen – das wurde erlebbar." Benedikt begrüßt die Erfahrung der *universitas* durch die wiederkehrende Begegnung mit den anderen. Er sieht klar, dass Spezialisierung zu einer gefährlichen, Kommunikation beendenden Horizontverengung führen kann. Für unseren Zusammenhang gilt es festzuhalten, dass es, genauso wie eine *universitas* unserer gemeinsamen Humanität und Vernünftigkeit, auch eine monotheistische *universitas* gibt, gegründet in unserem gemeinsamen Glauben an den einen wahren Gott.

Benedikt betont des Weiteren die Notwendigkeit, den radikalen Skeptizismus durch eine Debatte um die Vernünftigkeit des Glaubens herauszufordern: „Dass es auch solch radikaler Skepsis gegenüber notwendig und vernünftig bleibt, mit der Vernunft nach Gott zu fragen und es im Zusammenhang der Überlieferung des christlichen Glaubens zu tun, war im Ganzen der Universität unbestritten." In eben der Anerkennung der Bedeutung einer solchen Erörterung ist das Fundament jenes Bereichs islamischer Studien zu sehen, der *Ilm al-Kalam* (muslimische systematische Theologie) heißt. Viele *kalam*-Handbücher beginnen damit, dass sie die Gültigkeit der Suche nach Vernunftgründen für den religiösen Glauben begründen. Hand in Hand damit werden die Positionen der Skeptiker breit erörtert. Alle bedeutenden *kalam*-Gelehrten haben anerkannt, dass Diskussionen und Disputationen mit anderen nur auf der Basis einer gemeinsamen menschlichen Vernünftigkeit, durch die sich eine *universitas scientiarum* bildet, geführt werden können. *Kalam*-Handbücher sind voll ausgedehnter Diskussionen mit Skeptikern, Atheisten, Naturalisten, Christen, Juden, Zoroastriern, Buddhisten, Hindus, Aristotelikern, Platonisten und vielen anderen Religionen und Philosophien. Unglücklicherweise scheint sich Benedikts Bejahung der Diskussion auf der Basis einer *universitas scientiarum* nicht auf den Islam und die Muslime zu erstrecken. Obwohl die neu entdeckte Dialogbereitschaft der katholischen Kirche, wie sie in den Dokumenten des II. Vatikanums zum Ausdruck gekommen ist, von vielen muslimischen Gelehrten und Institutionen begrüßt worden ist, die sich auch bei etlichen Gelegenheiten an einem Dialog ernsthaft beteiligt haben, scheint Benedikt der Meinung zu sein, dass eine solche vernünftige Diskussion nur innerhalb eines europäisch-christlich-hellenistischen Kontexts möglich ist. Das ist historisch wie auch mit Blick auf die Gegenwart falsch und nicht fair.

Nach einer einigermaßen freundlichen Eröffnung beschwört Benedikt plötzlich ein höchst beunruhigendes Erbe: „All dies ist mir wieder in den Sinn gekommen, als ich kürzlich den von Professor Theodore Khoury (Münster) herausgegebenen Teil des Dialogs las, den der gelehrte byzantinische Kaiser Manuel II. Palaeologos wohl 1391 im Winterlager zu Ankara mit einem gebildeten Perser über Christentum und Islam und beider Wahrheit führte." Es ist nicht klar, inwiefern Benedikt „all das" durch den Dialog des Kaisers „wieder in den Sinn gekommen" ist. Ich würde gerne glauben, dass er sich dadurch an den Wert vernünftiger Diskussionen auf der Basis einer gemeinsamen Humanität erinnert fühlte, dass ein Christ und ein Muslim eine solche Diskussion inmitten einer Belagerungssituation geführt haben. Ich fürchte allerdings, dass die Deutung zutreffender ist, der zufolge Benedikt dadurch an die vorausgesetzte enge Beziehung zwischen christlichem Glauben und Vernunft erinnert worden ist, dass ein Christ auch in der Konfrontation mit einem gewaltsamen Islam noch an der Vernünftigkeit seines Glaubens festhält.

Aus dieser „Szene der Belagerung" entwickelt Benedikt eine symbolträchtige Szene der Belagerung Konstantinopels: „Der Kaiser hat wohl während der Belagerung von Konstantinopel zwischen 1394 und 1402 den Dialog aufgezeichnet; so versteht man auch, dass seine eigenen Ausführungen sehr viel ausführlicher wiedergegeben sind als die Antworten des persischen Gelehrten. Der Dialog erstreckt sich über den ganzen Bereich des von Bibel und Koran umschriebenen Glaubensgefüges und kreist besonders um das Gottes- und das Menschenbild, aber auch immer wieder notwendigerweise um das Verhältnis der ‚drei Gesetze': Altes Testament – Neues Testament – Koran. In dieser Vorlesung möchte ich nur einen – im Aufbau des Dialogs eher marginalen – Punkt behandeln, der mich im Zusammenhang des Themas Glaube und Vernunft fasziniert hat und der mir als Ausgangspunkt für meine Überlegungen zu diesem Thema dient." Es ist eigenartig, dass Benedikt einen „marginalen" Aspekt aus einem mittelalterlichen Dialog, geschrieben in einer besonders kritischen geschichtlichen Situation, zum „Ausgangspunkt" seiner Reflexionen über „Glaube und Vernunft" wählt. Mit einem anderen Ausgangspunkt hätte er seine zentralen Aussagen über Glaube und Vernunft treffen können, ohne den Islam als einen entstellten Strohmann zu gebrauchen. Der Zusammenhang zwischen dem mittelalterlichen Dialog und der Hauptlinie der Vorlesung ist so künstlich und entlegen, dass der Eindruck entsteht, als würde die Präsenz des Dialogs in der Vorlesung die christlich-muslimischen Beziehungen ohne Not beschädigen.

Dann wählt der Papst aus all den Teilen des Dialogs jenen über den Heiligen Krieg, den *Djihad*, aus: „In der von Professor Khoury herausgegebenen siebten Gesprächsrunde (διαλεξις – Kontroverse) kommt der Kaiser auf das Thema *Djihad* (Heiliger Krieg) zu sprechen. Der Kaiser wusste sicher, dass in *Sure 2,256* steht: Kein Zwang in Glaubenssachen – es ist eine der frühen *Suren* aus der Zeit, in der Mohammed selbst noch machtlos und bedroht war. Aber der Kaiser kannte natürlich auch die im Koran niedergelegten – später entstandenen – Bestimmungen über den Heiligen Krieg." Es ist interessant, wie Benedikt, die Autorität anonymer „Experten" beschwörend, das klare und bis heute normative Prinzip des Korans „Kein Zwang in Glaubenssachen" summarisch durch die Behauptung abtut, es sei ja bloß vom Propheten in Zeiten, da er noch schwach war, aufgestellt worden. Statt dass er dieses Prinzip hochhält und die Muslime auffordert, auch heute danach zu leben, weist der Papst eine wichtige islamische Quelle der Vernünftigkeit zurück, indem er es als eine vorgetäuschte Position des Islam ansieht. Das muss als äußerst unglücklich bezeichnet werden. Der „Kein-Zwang"-Vers ist nie widerrufen worden und immer bindend gewesen. Niemals in der Geschichte haben muslimische Juristen erzwungenen Konversionen von Menschen anderer Religionen durch Rechtsdeutungen eine Legitimation verschafft. Jener Vers war von grundlegender Bedeutung für die muslimische Toleranz gegenüber Christen und Juden. Es ist gefährlich, wenn der Papst einen Koranvers zurückweist, der eine Sicherheitsgarantie für Christen und Juden, die unter Muslimen leben, dargestellt hat und immer noch darstellt. Darüber hinaus stellt Benedikts entmutigende Behauptung, dass der Prophet Mohammed die Prinzipien und die Rechtslehre des Islam je nach der Schwäche oder Stärke seiner jeweiligen Machtstellung geändert hätte, ein Echo der vorurteilsbehafteten und ungerechten Sichtweisen dar, wie sie oft in christlichen und westlichen Polemiken gegen den Islam aufgetaucht sind.

Benedikt geht aber weiter: „Ohne sich auf Einzelheiten wie die unterschiedliche Behandlung von ‚Schriftbesitzern' und ‚Ungläubigen' einzulassen ...". Wiederum tut er, im Vorübergehen, eine weitere islamische Quelle der Toleranz gegenüber Christen und Juden ab. Der Islam hat stets zwischen den „Völkern des Buchs" (Christen und Juden) und Heiden unterschieden. Den in muslimischen Gesellschaften lebenden Völkern des Buchs ist stets das Recht auf die unbehelligte Praxis des Gottesdiensts zugestanden worden, und zwar hauptsächlich auf der Basis dieser wichtigen Unterscheidung. Es ist deswegen wichtig festzuhalten, dass in einigen der hasserfüllten Diskussionen pseudo-islamischer Terroristen der letzten Zeit viel Energie darauf verwendet worden ist, diese Unterscheidung zwischen Christentum und Heidentum zu verwischen (etwa indem man Christen „Kreuzanbeter" nennt), um den rechtlichen Schutz, der Christen und Juden vom islamischen Gesetz eingeräumt wird, zu beseitigen. Benedikt scheint anzudeuten, dass solche Unterscheidungen von geringer Bedeutung sind und lediglich dazu dienen, die vorgebliche Intoleranz des Islam zu verbergen.

Er zitiert dann eine der verstörendsten Passagen des kaiserlichen Dialogs: „... wendet er [der Kaiser] sich in erstaunlich schroffer, uns überraschend schroffer Form ganz einfach mit der zentralen Frage nach dem Verhältnis von Religion und Gewalt überhaupt an seinen Gesprächspartner. Er sagt: ‚Zeig mir doch, was Mohammed Neues gebracht hat, und da wirst du nur Schlechtes und Inhumanes finden wie dies, dass er vorgeschrieben hat, den Glauben, den er predigte, durch das Schwert zu verbreiten.'" Vor allem dieses Zitat ist von den Medien aufgespießt und verbreitet worden, vor allem dieses Zitat hat die meiste Gegenreaktion erfahren.

Benedikt, der dieses Dokument einer Hassliteratur aus dem Schlaf der Geschichte heraufbeschworen hat, verfehlt es, sich von der Position seines Autors zu distanzieren. Er verwendet Ausdrücke wie „schroff", „uns überraschend schroffe Form", „nachdem er [der Kaiser] so zugeschlagen hat". Gleichwohl bringt keiner dieser Ausdrücke ein ablehnendes Urteil oder eine Zurückweisung jener Meinung zum Ausdruck. Tatsächlich können diese Formulierungen auch als Hinweis auf eine untergründige Sympathie mit einem Wagemut gelesen werden, die etwas leichtsinnig sein mag. Wenn man ohne Not einen dunklen Text beschwört, der Hass spricht, hat man eine moralische Verpflichtung zu erklären, warum dieser Text herbeizitiert worden ist. Man hat darüber hinaus die Verpflichtung, auf diesen Text zu antworten und den in ihm zum Ausdruck kommenden Hass zurückzuweisen. Ansonsten wird man mit Gründen annehmen können, dass, wer einen solchen Text zitiert, auch die in ihm formulierte Meinung teilt. Später geltend zu machen, dass keine verletzende Intention vorgelegen hätte und Muslime den Text lediglich nicht verstanden hätten, fügt der Verletzung die Beleidigung hinzu. Deswegen ist Benedikts quasi-Entschuldigung von vielen Muslimen als unzureichend aufgefasst worden. Alle Stellungnahmen des Vatikans bis zum heutigen Tag, die Erklärung Benedikts eingeschlossen, drücken Bedauern darüber aus, dass Muslime die Vorlesung des Papsts womöglich missverstanden und negativ auf sie reagiert haben. Solch ein Zugang macht die, die verletzt worden sind, dafür verantwortlich, die Beleidigung falsch aufgefasst zu haben, statt demütig und zerknirscht die zugefügte Verletzung zu bekennen. Bedauerlicherweise haben viele fromme Katholiken die Zurückweisung der quasi-Entschuldigung und die emotionalen Reaktionen der Muslime auf die Aussagen über ihren Propheten als Bestätigung der richtigen und mutigen Haltung Benedikts gedeutet.

Benedikt fährt fort: „Der Kaiser begründet, nachdem er so zugeschlagen hat, dann eingehend, warum Glaubensverbreitung durch Gewalt widersinnig ist. Sie steht im Widerspruch zum Wesen Gottes und zum Wesen der Seele. ‚Gott hat kein Gefallen an Blut‘, sagt er, ‚und nicht vernunftgemäß, nicht σὺν λόγῳ zu handeln, ist dem Wesen Gottes zuwider. Der Glaube ist Frucht der Seele, nicht des Körpers. Wer also jemanden zum Glauben führen will, braucht die Fähigkeit zur guten Rede und ein rechtes Denken, nicht aber Gewalt und Drohung ... Um eine vernünftige Seele zu überzeugen, braucht man nicht seinen Arm, nicht Schlagwerkzeuge noch sonst eines der Mittel, durch die man jemanden mit dem Tod bedrohen kann' ...".

Interessanterweise würde jemand, der ein zuverlässiges klassisches Werk der Koranexegese *(tafsir)* konsultiert, als Erklärung des Verses „Kein Zwang in Glaubenssachen" auf eine Argumentation ähnlich der des Kaisers stoßen, dass nämlich das Herz oder die Seele der Sitz des Glaubens sei. Alle muslimischen theologischen Abhandlungen haben einen Abschnitt über den Glauben *(iman)*. Unter muslimischen Theologen besteht Einmütigkeit darüber, dass der Glaube im Herzen oder in der Seele wohnt und dass ihn kein körperlicher Zwang wahrhaft erreichen kann.

In diesem Zusammenhang ist die Feststellung von Bedeutung, dass Benedikt für viele Jahre der Präfekt der Glaubenskongregation gewesen ist, einer entfernten, modernen Nachfahrin der Inquisition, die selten die Unantastbarkeit des menschlichen Herzens in Dingen des Glaubens respektiert hat. Für Muslime und Juden, besonders in Spanien, tragisch genug, hat die Kirche physische Folter angewandt, um sie zum Christentum zu bekehren. Die Inquisition hat nie eine solche Weisung wie die des Kaisers befolgt: „Um eine vernünftige Seele zu überzeugen, braucht man nicht seinen Arm, nicht Schlagwerkzeuge noch sonst eines der Mittel, durch die man jemanden mit dem Tod bedrohen kann." Wir alle können von dieser Weisung lernen.

Es ist im Sinn des Korans für Muslime normativ, auf den Weg Gottes zu rufen durch Weisheit, ganzheitliche Weisung und vernünftige Argumentation. Es gibt keine islamische Rechtfertigung für eine Praxis der Bekehrung durch Folter. In Indonesien und Malaysia leben mehr Muslime als in allen arabischen Staaten zusammen. Keine muslimische Armee hat diese Länder je betreten. Wie also hat sich der Islam dort ausbreiten können? Es wäre freilich unlauter zu behaupten, dass keine muslimische Armee je ein Land erobert hätte. Jedoch haben sich muslimische Eroberungen selten in gewaltsame Bekehrungen verwandelt. Es ist evident: Auch in muslimisch dominierten Ländern gibt es christliche Minderheiten. Wie viele Muslime und Juden aber blieben in Spanien nach der Rückeroberung durch Ferdinand und Isabella übrig? Bemerkenswerterweise kehrten Muslime als Immigranten dank der multikulturellen Politik des Säkularismus nach Europa zurück. Wäre das unter einem uneingeschränkten Regime der katholischen Kirche möglich gewesen? Es ist bekannt, dass Benedikt den Wunsch der Türkei nach Mitgliedschaft in der Europäischen Union aufgrund der falschen religiösen und kulturellen Referenzen ablehnt.

In einigen vatikanischen Erklärungen der Vergangenheit sind die Muslime dazu aufgerufen worden, die Geschichte zu vergessen (was die Kreuzzüge und die Inquisition betrifft). Im Islam sind Anerkennung und Bedauern der Schuld notwendige Voraussetzungen wahrer Reue und Vergebung. Indem Benedikt selbstgerecht die verletzenden Vorwürfe eines lang verstorbenen Kaisers evoziert, übt er sich in einem erstaunlichen Vergessen hinsichtlich des Gebrauchs von Folter, Grausamkeit und Gewalt in der Geschichte der katholischen Kirche, nicht nur gegenüber Muslimen, sondern auch gegenüber Juden und sogar gegenüber Mitchristen. Die von der katholischen Kirche ausgeübte oder unterstützte Gewalt weitete sich in der Neuzeit zur Unterstützung der kolonialen Eroberungen Europas aus. Missionare, insbesondere Jesuiten, begleiteten die Kolonisateure in die beiden Amerikas, nach Asien und nach Afrika. Noch in den dreißiger Jahren des 20. Jahrhunderts wurden in Libyen italienische faschistische Soldaten und Todesschwadronen vor ihrem Aufbruch zur Jagd auf Widerstandskämpfer von den örtlichen katholischen Autoritäten gesegnet. Die in den Reihen der italienischen Armee mit-kämpfenden äthiopischen Soldaten trugen große rote Kreuze auf der Brust, wie die Ritter des Johanniter-Ordens, als sie im 16. Jahrhundert die Einwohner von Tripolis erschlugen. Das Bild von einem gewaltlosen, hellenistisch-„vernünftigen" Christentum, das mit einem gewaltsamen, irrationalen Islam kontrastiert wird, ist grundlegend für Benedikts Vorlesung. Eine solche selbstgerechte Vorstellung übersieht viele schmerzvolle historische Fakten. Es ist nötig, dass wir alle beginnen, die Balken in unseren eigenen Augen zu sehen, bevor wir auf die Splitter in den Augen unserer Brüder schauen.

Benedikt fährt fort: „Der entscheidende Satz in dieser Argumentation gegen Bekehrung durch Gewalt lautet: Nicht vernunftgemäß handeln, ist dem Wesen Gottes zuwider. Der Herausgeber, Theodore Khoury, kommentiert dazu: Für den Kaiser als einen in griechischer Philosophie aufgewachsenen Byzantiner ist dieser Satz evident. Für die moslemische Lehre hingegen ist Gott absolut transzendent. Sein Wille ist an keine unserer Kategorien gebunden und sei es die der Vernünftigkeit. Khoury zitiert dazu eine Arbeit des bekannten französischen Islamologen R. Arnaldes, der darauf hinweist, das Ibn Hazm so weit gehe zu erklären, dass Gott auch nicht durch sein eigenes Wort gehalten sei und dass nichts ihn dazu verpflichte, uns die Wahrheit zu offenbaren. Wenn er es wollte, müsse der Mensch auch Götzendienst treiben."

Benedikts „entscheidender Satz" – „nicht vernunftgemäß handeln, ist dem Wesen Gottes zuwider" – ist sehr komplex und offen für Interpretationen und Diskussionen. Erstaunlich ist die Leichtigkeit, mit der diese Aussage in einen zutiefst verstörenden, falschen Gegensatz zwischen einem friedliebenden, vernünftigen Christentum und einem gewaltsamen, irrationalen Islam hineingezogen wird. – Ein wohlbekannter Gegensatz von der „Tafel der Gegensätze", die das Christentum in der einen und den Islam in der anderen Ecke platziert und zwischen ihnen ein Feld der Polaritäten ausspannt: Liebe – Gesetz, Friede – Gewalt, Befreiung – Versklavung, Frauenbefreiung – Frauenunterdrückung, etc. Dieses Feld der Polaritäten findet sich auch auf den Tafeln der Gegensätze, wie sie von Griechen, Römern und auch den deutschen Idealisten (unter deren Einfluss der bayerische Papst steht), aufgestellt worden sind, um „Zivilisation" und „Barbarei", das „Europäische" und das „Nicht-Europäische" zueinander in ein Verhältnis des Kontrasts bringen zu können.

Freilich, solche Tafeln funktionieren nie. Zu grobschlächtig simplifizieren sie, und sie schaffen Unterscheidungen zulasten von Wahrheit und Fairness. Wie im Christentum wirkt auch im Islam nicht die menschliche, berechnende Vernunft das Heil, sondern die freie, unverdiente Gnade *(rahma)* Gottes, deren eine Gabe die Vernunft ist. Als Gabe Gottes kann Vernunft nie über Gott stehen. Das ist auch schon das ganze Anliegen Ibn Hazms, das von Benedikts gelehrten Quellen in einer verstümmelten Form wiedergegeben worden ist. Ibn Hazm bestand, genau wie die Ash'ari-Theologen, mit denen er oft im Streit war, auf der absoluten Handlungsfreiheit Gottes. Gleichwohl anerkannte er, wie die meisten muslimischen Theologen, dass Gott sich in seinem Erbarmen mit seinen Geschöpfen frei entschlossen hat, in Treue zu sich selbst vernunftgemäß zu handeln, so dass wir uns vermittels der Vernunft an seiner Leitung und Weisung ausrichten können. Ibn Hazm hat, wie die meisten anderen muslimischen Theologen auch, betont, dass Gott durch nichts äußerlich gebunden ist, auch nicht durch die Vernunft. Zugleich hat er nie behauptet, dass Gott sich nicht *frei* bindet und eine solche Bindung achtet. Diese freie Selbst-Bindung Gottes wird im Koran als *Kataba rabukum ala nafsihi al-Rahma* formuliert: „Dein Herr hat sich selbst an das Erbarmen gebunden". Die Vernunft darf nicht über Gott und normativ zu ihm stehen. Sie kann als Gnade Gottes gedacht werden, die deswegen normativ ist, weil Gott sich frei verpflichtet hat, in Treue zu ihr zu handeln. Wer auch in dieser letzten Aussage eine Artikulierung seines Glaubens sieht, muss deswegen nicht irrational oder unvernünftig sein und an einen irrationalen oder launenhaften Gott glauben. Der Gegensatz zwischen Christentum und Islam ist in diesem Punkt fraglich.

Auch wenn es das Anliegen des Papsts ist, eine säkulare Universität davon zu überzeugen, dass die Theologie einen Platz in ihrem auf Vernunft gegründeten Gefüge hat, sollte er nicht so weit gehen, Gott zu einem Gegenstand einer ihn äußerlich bindenden Vernunft zu machen. Die meisten bedeutenden christlichen Theologen, auch der die Vernunft liebende Thomas von Aquin, haben nie die Vernunft über Gott gestellt. Wenn muslimische Theologen etwas Ähnliches tun, sollten sie nicht der Irrationalität oder Unvernünftigkeit angeklagt werden. Ein solches Missverständnis ist die unmittelbare Folge der vereinfachenden Tafeln der Gegensätze, wie sie von Gelehrten wie Khoury offensichtlich geschätzt werden.

Benedikt fährt fort: „An dieser Stelle tut sich ein Scheideweg im Verständnis Gottes und so in der konkreten Verwirklichung von Religion auf, der uns heute ganz unmittelbar herausfordert. Ist es nur griechisch zu glauben, dass vernunftwidrig zu handeln dem Wesen Gottes zuwider ist, oder gilt das immer und in sich selbst?" Wiederum ist Benedikts Formulierung offen für Interpretationen. Die Rede vom „Wesen" Gottes ist in sich problematisch, so wie auch die Rede von Vernünftigkeit und Unvernünftigkeit. Was ist das für eine Vernunft, von der die Rede ist? Handelt es sich um die menschliche Erkenntnisfähigkeit? Wenn ja, welche Art des Erkennens ist gemeint: kognitiv, emotiv, spirituell? Oder ist die Vernunft eine Art ontologischer Mittler oder Emanation, nach Art des Neuplatonismus? Solche Fragen bedürfen weiterer Klärungen. Die Mehrdeutigkeit der „Vernunft" erlaubt durch einen staunenswerten Sprung die Vereinigung des Griechischen mit dem

Christlichen, auch durch eine Beschwörung des hellenistischen Prologs des Johannesevangeliums. Benedikt sagt: „Ich
denke, dass an dieser Stelle der tiefe Einklang zwischen dem,
was im besten Sinn griechisch ist, und dem auf der Bibel grün-
denden Gottesglauben sichtbar wird. Den ersten Vers der Genesis, den ersten Vers der Heiligen Schrift überhaupt abwandelnd, hat Johannes den Prolog seines Evangeliums mit dem
· Wort eröffnet: Im Anfang war der Logos. Dies ist genau das
Wort, das der Kaiser gebraucht: Gott handelt σὺν λόγῳ, mit
Logos. Logos ist Vernunft und Wort zugleich – eine Vernunft,
die schöpferisch ist und sich mitteilen kann, aber eben als Vernunft." Dies kommt nun einer Definition dessen, was Benedikt
meint, sehr nahe: „eine Vernunft, die schöpferisch ist und sich
mitteilen kann". Das ist tatsächlich nahe bei Johannes. Aber es
ist nicht dasselbe, was die griechischen Philosophen unter Vernunft verstanden. Für sie war Vernunft verbunden mit reiner
Kontemplation oder *theoria*, und nicht mit schöpferischer Tä-
tigkeit oder *poiesis*; Vernunft hatte mit Selbstmitteilung zu tun.
Benedikts große Vision der Vereinigung des Griechischen und
des Christlichen ist durch die Mehrdeutigkeit eines so bedeu-
tungsgeladenen Begriffs wie Logos oder Vernunft ermöglicht.
Solche Unternehmungen hat es in den theologischen, exege-
tischen und spirituellen Traditionen von Judentum, Christentum und Islam des Öfteren gegeben. Ein Gutteil des mittelalterlichen Diskurses ist von solchen mehrdeutigkeitsbasierten
Sprüngen abhängig. Es befremdet, dass diese mittelalterliche
Methode der Überspringung (über die Bedeutungsunter-
schiede hinweg) verwendet wird, um den Spalt zwischen der
kalten rationalistischen Vernunft der deutschen Universität
und dem Logos der katholischen Kirche zu überbrücken.

Benedikt fügt dem nun eine erstaunlich hegelianische Aussage an: „Johannes hat uns damit das abschließende Wort des
biblischen Gottesbegriffs geschenkt, in dem alle die oft mühsamen und verschlungenen Wege des biblischen Glaubens an

ihr Ziel kommen und ihre Synthese finden." Benedikt wählt die hegelianische Darstellungsweise, dass der biblische Glaube einen „mühsamen" und „verschlungenen" Weg genommen habe, um in diese johanneische Synthese zu münden. Ich überlasse es den christlichen Theologen, diese Aussagen zu kommentieren. Im Licht der kumulativ verfügbaren Erkenntnisse historisch-kritischer Forschung muten Aussagen, dass der biblische Glaube in einer griechisch-christlichen Synthese kulminiert, befremdlich an. Ich bin überzeugt, dass jüdische Gelehrte Schwierigkeiten mit der impliziten Behauptung haben, dass die Glaubenslinien, welche die Tora gezogen hat, „mühsam" und „verschlungen" seien, und dass Johannes nötig war, um all das in einem wahren und endgültigen biblischen Glauben kulminieren zu lassen. Auch wenn die hegelianische Synthese und Kulmination dem wunderbar klingt, der sich auf der Seite der Ergebnisse dieses Kulminationsprozesses wähnen kann, wird es die beunruhigen, die kulminiert werden!

Im weiteren Verlauf vertieft die Argumentation die hegelianische Spekulation, um nun eine gefährliche „europäische" Beanspruchung des Christentums einzuführen: „Im Anfang war der Logos, und der Logos ist Gott, so sagt uns der Evangelist. Das Zusammentreffen der biblischen Botschaft und des griechischen Denkens war kein Zufall. Die Vision des heiligen Paulus, dem sich die Wege in Asien verschlossen und der nächtens in einem Gesicht einen Mazedonier sah und ihn rufen hörte: Komm herüber und hilf uns (Apg 16,6–10) – diese Vision darf als Verdichtung des von innen her nötigen Aufeinanderzugehens zwischen biblischem Glauben und griechischem Fragen gedeutet werden." Der Kontrast Asien – Mazedonien wird zur Legitimierung der befremdlichen Behauptung einer „von innen her nötigen" Annäherung von biblischem Glauben und griechischem Fragen herangezogen. Auf diese Weise vereinigt sich das Christentum in Europa und nicht in Asien, durch die europäische und nicht durch die asiatische Vernunft, mit dem „griechischen Fragen". Diese hegelianische Deutung leidet an derselben eurozentrischen Drift, die vielen deutschen idealistischen Philosophen eigen ist. Ihre Fragwürdigkeit ist offensichtlich: Sie entwertet nicht-griechische und nicht-europäische Versionen des Christentums (wie etwa südamerikanische, afrikanische und asiatische Theologien). Zudem beansprucht sie einen allgemeinen und zugleich einen spezifisch griechischen Vernunftbegriff; in solcher Beanspruchung wird die Vernunft schließlich rein christlich gedacht. Auf diese Weise wird die geschichtliche Evidenz einer jüdisch-hellenistischen Synthese (wie bei Philon von Alexandrien) und einer muslimisch-hellenistischen Synthese (wie bei al-Farabi[9], Ikhwan al-Safa[10], Ibn Sina[11]) als schlichtweg unmöglich geleugnet. Nur das Christliche ist mit dem Griechischen in einer johanneisch-hegelianisch-europäischen Aufgipfelung vereinigt.

Muslime haben, wie auch Christen und Juden vor und nach ihnen, viele Konzepte zur Harmonisierung von Vernunftansprüchen und Offenbarungswahrheiten ausgearbeitet. Theologen der Mu'tazili-[12], Ash'ari-[13], Maturidi-[14], Ithna Ashri-[15], Isma'ili-[16], Ibadi-[17] und sogar der Hanbali[18]-Schule haben damit gerungen, ihren Glauben so vernünftig wie möglich zu artikulieren. Schon propädeutische Schriften islamischer Philosophie und Theologie machen das deutlich. Neben anderen sind die elaborierten dialektischen und logischen Schriften von Abdul Jabbar, Ash'ari[19], Baqillani[20], Juwayni[21], Ghazali[22], Razi[23], Maturidi, Nasafi, Ibn Rushd[24] und Ibn Sabain Zeugnisse eines muslimischen Interesses an der Vernunft, wenn es um die Artikulierung von Dingen des Glaubens geht. Sogar der konservativste der Hanbaliten, Ibn Taymmiyya, hat wichtige Schriften zur nicht-aristotelischen Logik verfasst und bringt anti-aristotelische Argumente vor, die denen des Sextus Empiricus verwandt sind.

In der Schlusspassage eines langen Abschnitts, der sich gut als Vorwort zu Hegels Religions- oder Geschichtsphilosophie eignen würde, stellt Benedikt die Aussage auf: „Zutiefst geht es dabei[25] um die Begegnung zwischen Glaube und Vernunft, zwischen rechter Aufklärung und Religion. Manuel II. hat wirklich aus dem inneren Wesen des christlichen Glaubens heraus und zugleich aus dem Wesen des Griechischen, das sich mit dem Glauben verschmolzen hatte, sagen können: Nicht ‚mit dem Logos' handeln, ist dem Wesen Gottes zuwider." Der Septuaginta wird auf diese Weise ein Primat zugesprochen, das vielen Christen sicher fremd klingen wird. Der Synthese von biblischem Glauben und griechischer Vernunft wird absolute Bedeutung beigemessen als dem Kulminationspunkt einer Entwicklung, durch die allen anderen Ausdruckswegen von Religiosität die Position des Subsumierten und Überholten zugewiesen wird.

Freilich weiß Benedikt als Kenner mittelalterlicher Theologie, dass er bestimmte Fakten nicht übersehen kann: „Hier ist der Redlichkeit halber anzumerken, dass sich im Spätmittelalter Tendenzen der Theologie entwickelt haben, die diese Synthese von Griechischem und Christlichem aufsprengen. Gegenüber dem so genannten augustinischen und thomistischen Intellektualismus beginnt bei Duns Scotus eine Position des Voluntarismus, die schließlich in den weiteren Entwicklungen dahin führte zu sagen, wir kennten von Gott nur seine *voluntas ordinata*. Jenseits davon gebe es die Freiheit Gottes, kraft derer er auch das Gegenteil von allem, was er getan hat, hätte machen und tun können. Hier zeichnen sich Positionen ab, die denen von Ibn Hazm durchaus nahekommen können und auf das Bild eines Willkür-Gottes zulaufen könnten, der auch nicht an die Wahrheit und an das Gute gebunden ist. Die Transzendenz und die Andersheit Gottes werden so weit übersteigert, dass auch unsere Vernunft, unser Sinn für das Wahre und Gute kein wirklicher Spiegel Gottes mehr sind, dessen abgründige Möglichkeiten hinter seinen tatsächlichen Entscheiden für uns ewig unzugänglich und verborgen bleiben."

Diese Darstellung, die ja dem Ziel einer Zurückweisung der dort genannten theologischen Entwicklungen dient, lässt immerhin erkennen, dass Benedikt sich der Existenz alternativer Theologien bewusst ist und dass muslimische Theologen nicht die einzigen waren, die die Souveränität Gottes gegen menschliche Ansprüche auf Unterordnung Gottes unter menschliche Kriterien betont haben. Benedikt verfolgt jedoch seine Linie der Zurückweisung solcher Theologien als nicht dem wahren „Glauben der Kirche" gemäß weiter. In der folgenden Passage bejaht er eine Liebe, die das Wissen übersteigt, um dann jedoch diese Affirmation einer die Vernunft transzendierenden Liebe dahingehend weiter zu bestimmen, dass es der Logos sei, der liebt. Auf diese Weise synthetisiert er Logos und Vernunft, so dass es schließlich die Vernunft ist, die liebt.

Dann zeigt sich in klaren und eindeutigen Worten die grundlegende Aussage Benedikts und der letzte Grund für seine Schwierigkeiten mit dem Islam: „Das hier angedeutete innere Zugehen aufeinander, das sich zwischen biblischem Glauben und griechischem philosophischem Fragen vollzogen hat, ist ein nicht nur religionsgeschichtlich, sondern weltgeschichtlich entscheidender Vorgang, der uns auch heute in die Pflicht nimmt. Wenn man diese Begegnung sieht, ist es nicht verwunderlich, dass das Christentum trotz seines Ursprungs und wichtiger Entfaltungen im Orient schließlich seine geschichtlich entscheidende Prägung in Europa gefunden hat. Wir können auch umgekehrt sagen: Diese Begegnung, zu der dann noch das Erbe Roms hinzutritt, hat Europa geschaffen und bleibt die Grundlage dessen, was man mit Recht Europa nennt." Europa ist der singuläre Ort, an dem es zu der großen Synthese aus Christentum und Vernunft gekommen ist, und diese Synthese ist identisch mit der europäischen Kultur. Europa ist christlich-griechisch und rational, und das Christentum ist europäisch-griechisch und rational. Wenn daraus folgt, dass dieses Europa-Christentum rein zu halten ist, folgt daraus, dass alle nicht-europäischen und nicht-christlichen Elemente auszuschließen sind. Aus diesem Grund haben der Islam und die Muslime keinen Platz in dieser großen hegelianischen Synthese. Dieses alarmierende Muster neo-kolonialer Ideen bestärkt die These von einem barbarischen (nichtgriechischen) und nicht-europäischen Wesen des Islam. Einem solchen Denken entsprechend ist der Islam „asiatisch", „nicht-rational" und „gewaltförmig". Er hat keinen Platz in einem „griechischen", „rationalen" und „vernünftigen" Europa.

Nachdem Benedikt nun die These einer Synthese des Griechischen mit dem Christlichen zu einem einzigen Logos formuliert hat, geht er an die Zurückweisung aller Versuche, dies zu bestreiten. Er kritisiert drei Phasen der „Enthellenisierung": „Der These, dass das kritisch gereinigte griechische Erbe wesentlich zum christlichen Glauben gehört, steht die Forderung nach der Enthellenisierung des Christentums entgegen, die seit dem Beginn der Neuzeit wachsend das theologische Ringen beherrscht. Wenn man näher zusieht, kann man drei Wellen des Enthellenisierungsprogramms beobachten, die zwar miteinander verbunden, aber in ihren Begründungen und Zielen doch deutlich voneinander verschieden sind." Es empfiehlt sich, christlichen Theologen das Urteil über die Fairness und Genauigkeit der Einschätzung der christlichen Tradition durch Benedikt zu überlassen. Gleichwohl mutet es erstaunlich an, wie er die gesamten Errungenschaften der Reformation als Enthellenisierung vom Tisch wischt, welche die wahre, von ihm zuvor gefeierte Synthese unterminiere. Wenn Benedikt dann Adolf von Harnack für die zweite Enthellenisierung verantwortlich macht, befremdet mich dies, halte ich seine Theologie doch, mit Karl Barth, für ein hellenisierendes Denken, das, zugespitzt, Theologie auf eine Art aristotelischer *phronesis* reduziert.

Die dritte von Benedikt identifizierte Stufe der Enthellenisierung verdient mehr Aufmerksamkeit: „Bevor ich zu den

Schlussfolgerungen komme, auf die ich mit alledem hinaus will, muss ich noch kurz die dritte Enthellenisierungswelle andeuten, die zurzeit umgeht. Angesichts der Begegnung mit der Vielheit der Kulturen sagt man heute gern, die Synthese mit dem Griechentum, die sich in der alten Kirche vollzogen habe, sei eine erste Inkulturation des Christlichen gewesen, auf die man die anderen Kulturen nicht festlegen dürfe. Ihr Recht müsse es sein, hinter diese Inkulturation zurückzugehen auf die einfache Botschaft des Neuen Testaments, um sie in ihren Räumen jeweils neu zu inkulturieren. Diese These ist nicht einfach falsch, aber doch vergröbert und ungenau. Denn das Neue Testament ist griechisch geschrieben und trägt in sich selber die Berührung mit dem griechischen Geist, die in der vorangegangenen Entwicklung des Alten Testaments gereift war. Gewiss gibt es Schichten im Werdeprozess der alten Kirche, die nicht in alle Kulturen eingehen müssen. Aber die Grundentscheidungen, die eben den Zusammenhang des Glaubens mit dem Suchen der menschlichen Vernunft betreffen, die gehören zu diesem Glauben selbst und sind seine ihm gemäße Entfaltung." Der Papst einer international präsenten Kirche distanziert alle, die nicht in der griechisch-europäischen Kultur leben. Er erachtet griechische und europäische Elemente als dem christlichen Glauben wesentlich. Ich halte eine solche Einschätzung für problematisch und glaube, dass diese Vorlesung Muslime, Christen und Juden gleichermaßen aufhorchen lassen sollte. Weil hier nicht nur ein Professor oder Theologe spricht, sondern der Papst der römisch-katholischen Kirche, der Millionen von Menschen vorsteht, müssen muslimische, christliche, jüdische und säkulare Wissenschaftler sich herausgefordert sehen, mit dem Papst eine Diskussion aufzunehmen, nicht nur hinsichtlich seiner Ansichten über den Islam, sondern auch hinsichtlich der Frage, was es bedeutet, ein Mensch als ein vernunftbegabtes Wesen zu sein, und was es bedeutet, europäisch zu sein.

Anmerkungen

[1] [Aref Ali Nayed zitiert aus der 2006 vom Vatikan veröffentlichten vorläufigen Fassung des Texts. Die deutschen Wiedergaben der Zitate sind der entsprechenden deutschen Ausgabe dieser Textfassung entnommen, wie sie etwa in den über die Deutsche Bischofskonferenz beziehbaren „Verlautbarungen des Apostolischen Stuhls, Nr. 174" abgedruckt sind. Anmerkungen des Herausgebers sind in eckige Klammern gesetzt.]

[2] [Christian Troll SJ ist Honorarprofessor an der Philosophisch-Theologischen Hochschule St. Georgen, Frankfurt/Main, und war 1993–2005 Mitglied der Subkommission für religiöse Beziehungen der Katholischen Kirche mit den Muslimen im Päpstlichen Rat für den interreligiösen Dialog.]

[3] [Erzbischof Michael Fitzgerald leitete seit dem 1. Oktober 2002 den Päpstlichen Rat für den interreligiösen Dialog, in dem er zuvor mehr als zehn Jahre als Sekretär gearbeitet hat. Nach dessen Integration in den Päpstlichen Rat für Kultur wurde Erzbischof Fitzgerald 2006 zum Nuntius in Ägypten ernannt.]

[4] [Bischof Michael Sabah ist der lateinische Patriarch von Jerusalem.]

[5] [Maurice Borrmans ist ordentlicher Professor am Päpstlichen Institut für arabische und islamische Studien.]

[6] [Michel Lagarde ist ordentlicher Professor am Päpstlichen Institut für arabische und islamische Studien.]

[7] [Thomas Michel SJ ist in der Gesellschaft Jesu Sekretär für den interreligiösen Dialog.]

[8] Joseph Fessio, *Is Dialogue with Islam Possible? Some Reflections on Pope Benedict XVI.'s Address at the University of Regensburg, September 18, 2006*, in: www.ignatiusinsight.com/features2006/jfessio_reflections_sept06.asp.

[9] [Etwa 870 nördlich von Taschkent geboren, gehört al-Farabi neben Ibn Sina zu den Hauptvertretern einer neuplatonisch beeinflussten islamischen Philosophie.]

[10] [Die „lauteren Brüder von Basra": eine neuplatonisch beeinflusste Philosophenschule isma'ilitischen Bekenntnisses, deren Wirken für das Ende des 10. Jahrhunderts in Basra greifbar ist.]

[11] [Lateinisch: Avicenna; 980 bei Buchara geboren, der bedeutendste neuplatonische islamische Philosoph.]

[12] [Im 8. Jahrhundert in Basra gegründete rationalistische Theologenschule.]

[13] [Abspaltung von den Mu'taziliten, die die völlige Abhängigkeit des Menschen vom Ratschluss Gottes ins Zentrum ihrer Theologie stellt.]

[14] [al-Maturidi gründete im 10. Jahrhundert im Ostiran eine rationalitäts- und spekulationsskeptische Schule.]

[15] [Schiitische Theologenschule.]

[16] [Im 9. Jahrhundert durch Parteibildungen innerhalb der *schia* entstan-

dene theologische Richtung, die im 10. Jahrhundert gnostisch-kosmologische Vorstellungen aufnimmt.]

[17] [Eine neben *sunna* und *schia* dritte, vor allem in Oman beheimatete Richtung des Islam.]

[18] [Im 9. Jahrhundert gegründete *kalam*-kritische, also die rationalistische Theologie ablehnende Schule.]

[19] [al-Ash'ari (gestorben 935) hat die systematisch-rationalistische Theologie innerhalb des sunnitischen Islam durchgesetzt.]

[20] [al-Baqillani, gestorben 1013, hat die ash'aritische Theologie systematisiert und popularisiert.]

[21] [al-Juwayni (1028–1085), bedeutender ash'aritischer Theologe, betont das Gefälle zwischen der Allmacht Gottes und der Bedeutungslosigkeit der Geschöpfe.]

[22] [al-Ghazali (1059–1111), ash'aritischer Theologe; entwickelt einen Denkweg zur Erschließung der Glaubensgewissheit durch den Rückgang auf die Prinzipien der Vernunft.]

[23] [ar-Razi, 865 bei Teheran geboren; er betont den Primat der Philosophie vor der Religion.]

[24] [Lateinisch: Averroes, 1126 in Cordoba geboren; der Aristoteliker der islamischen Philosophie schlechthin, dessen Wirkung im christlichen größer als im islamischen Raum ist.]

[25] [Papst Benedikt bezieht sich in dieser Passage auf die Septuaginta, die griechische Übersetzung der hebräischen Bibel.]

Von Kirchenvätern und anderen Fundamentalisten

Wie tolerant war das Christentum, wie dialogbereit ist der Papst? Der Schlüssel liegt in der Regensburger Vorlesung

von Kurt Flasch

Die Brandwolken haben sich verzogen. Die rohen Attacken und die schleimigsten Apologien sind verklungen, doch die Diskussionen dauern an. Der Text der Regensburger Papstvorlesung, die den harmonischen Heimatbesuch überschattet hat, liegt als ganzer vor. Von ihm ist auszugehen, um über ihre Größe und Mängel zu befinden. Das Argumentationsziel des Papstes scheint ein doppeltes gewesen zu sein. Erstens wollte er sagen, dass religiöse Unterschiede keine Gewaltanwendung rechtfertigen. Religiöse Überzeugungen müssten frei ergriffen werden; ihre Differenzen seien nur durch Dialoge, nicht durch Kriege zu überwinden. Zweitens skizzierte er sein Konzept vom Christentum als der harmonischen Verbindung von Vernunft und Glauben, von Griechentum und Christentum. Er verband diese Empfehlung mit einem historischen Rückblick auf die Ideenentwicklung der westlichen Welt und stellte mit sanfter Trauer fest, seit Duns Scotus, also seit 1300, habe sich die gewünschte harmonische Verbindung gelockert, „die Reformatoren" hätten sie zerstört, Pascal habe sie verworfen, Kant habe die anti-rationale Tendenz „der Reformatoren" auf die Spitze getrieben, zuletzt habe die liberale evangelische Theologie, repräsentiert durch Adolf von Harnack, alles aufgelöst. Man könne zwar nicht zum Mittelalter zurückkehren, aber der Begriff der Vernunft sollte weiter gefasst und mit der christlichen Botschaft in Harmonie gebracht werden.

Dies sind die klar erkennbaren Grundlinien; hierüber gibt es keine „Missverständnisse". Woher dann der Ärger? Wieso verkehrte sich die Aufforderung zum Dialog ins Gegenteil? Dafür gab es in Ratzingers Text eine Reihe von Gründen.

Da war zuerst das Zitat des griechischen Kaisers über Mohammed. Irgendjemand hat es interessant gefunden, da habe doch der von Türkenheeren rings umlagerte Kaiser entdeckt, dass Religion nicht mit Gewalt ausgebreitet werden sollte, und er habe dies mit der Behauptung verbunden, Mohammed habe nichts Neues gebracht. Und der Papst hat dieses Zitat übernommen. Wissenschaftlich und islamfreundlich wäre es gewesen, diese Behauptung nicht nur kommentarlos zu wiederholen, sondern sie entweder wegzulassen oder zu überprüfen. Trifft sie zu, ja oder nein? Das war zu entscheiden im Blick auf die Verhältnisse der arabischen Halbinsel im siebten Jahrhundert. Diese Sorgfalt hat der Papst nicht angewendet. Hat er die politische Brisanz seiner Unterlassung nicht erkannt oder hat er sie gewollt?

Er ging dazu über, den Gottesbegriff des Islam zu beschreiben. Dieser sei entweder völlig unbestimmt oder irrationale Willensenergie. Die christliche Auffassung denke hingegen Gott als Vernunft (Logos) und Liebe. Damit verkürzte er die vielfältigen denkerischen Bemühungen im Islam auf die Züge, die ihm wenig gefallen. Dabei gab es doch die erwähnten innerchristlichen Gegner jeder Harmonisierung von Griechentum und Christentum, von Vernunft und Glauben. Diese haben ähnlich argumentiert wie die islamischen Theologen. Der Papst sprach es zwar nicht aus, aber suggerierte: Deswegen sei der Islam im Unterschied zum Christentum nicht dialogfähig.

Diese unhistorische Schwarz-Weiß-Malerei entspricht nicht der tatsächlichen westlichen Denkentwicklung und muss bei Muslimen, zusammen mit der mangelnden Umsicht beim Kaiserzitat, den Dialog blockieren. Der Papst hat die Situation noch zusätzlich verschärft: Er unterschied im Koran – in der

Manier der von ihm verworfenen liberalen Theologie – zwei divergierende Aussageschichten. Diejenigen Suren des Koran, die Gewaltanwendung in Religionssachen verwerfen, sagte der Papst, stammten aus der frühen Zeit, als Mohammed noch keine Macht hatte. Als Mohammed später Macht besaß, rechtfertigte er die Gewalt.

Orientalisten haben, vermutlich zu Recht, eingewendet, diese zeitliche Differenzierung sei philologisch nicht begründet. Nicht-Fachleute wie Professor Ratzinger sollten sich bei solchen Feinheiten zurückhalten. Aber er hat nun einmal so argumentiert, daher könnte ihm ein gebildeter Muslim antworten: Die frühesten Schichten des Neuen Testaments enthalten Eure Trinitätslehre nicht. Und außerdem verhielt die Kirche sich genau so, wie der Papst es Mohammed zuschreibt: Sie hat die Toleranz erst entdeckt, als ihr Militär und Polizei nicht mehr zur Verfügung standen. Als sie schwach war, sprach sie sanft, wie nach Meinung des Papstes der machtlose Mohammed. Wüsste es der Papst zu schätzen, wenn ein Muslim in seinen Glaubensurkunden ähnlich relativierende Schnitte vornähme?

Dies erklärt die Verlegenheit gelehrter Muslime. Wären die Kantianer so zahlreich und so erregbar wie die Islamisten, sie hätten Kundgebungen gegen den Papst organisiert. Nun gibt es nur noch wenige Kantianer. Sie verbrennen keine Strohpuppen, sie schmunzeln höchstens vor sich hin, falls sie es überhaupt zur Kenntnis nehmen, dass der Papst ihren Kant in einer wesentlichen Sache falsch zitiert und historisch falsch einordnet. Der Papst hat einen der markantesten Kant-Sprüche entstellt. Es ist jener Satz aus der Vorrede zur zweiten Auflage der „Kritik der reinen Vernunft": „Ich musste das Wissen aufheben, um zum Glauben Platz zu bekommen". Der Papst schreibt Kant den Satz zu: „Ich musste das Denken beiseite schaffen, um zum Glauben Platz zu bekommen".

Dieses deftige „beiseite schaffen" ist schon nicht ganz dasselbe wie das „aufheben" Kants. Aber der schlichteste Kantleser muss protestieren, weil der Papst die bei Kant klar getrennten Ausdrücke „Denken" und „Wissen" verwechselt und nicht erklärt, dass „Wissen" hier nur die alte rationalistische Metaphysik meint und dass „Glauben" gerade nicht den „Kirchenglauben" bedeutet, sondern den „Vernunftglauben". Dass Kant das „Denken beiseite schaffen" wollte, ist eine ebenso üble Nachrede, wie von Mohammed zu behaupten, er habe nichts Neues gebracht. Die historische Einordnung Kants als Vollendung der Intention der „Reformatoren" (Luthers? Calvins?) entspricht einem überholten Forschungsstand; das Gegenteil zeigen Kants Texte und neuerdings die große Kant-Biographie von Manfred Kühn.

Der Papst will das Christentum als Erbe der antiken Vernunft. Dafür fordert er einen „weiten" Begriff von „Vernunft", ohne zu sagen, was das ist, außer dass die Vernunft mit dem Glauben harmoniert. Unsere protestantischen Mitbürger sind vom Event-Effekt der Papstreisen offenbar so fasziniert, dass sie keinen Ton mehr hervorbringen. Fromme Katholiken, die bei Paulus lesen, die Menschwerdung sei den Griechen eine Torheit, schweigen vor sich hin. Gibt es niemanden mehr, der bei Pascal gelernt hat, der Gott Abrahams sei nicht der Gott der Philosophen? 1277 hat der Bischof von Paris in einem offiziellen Dokument erklärt, der Philosoph müsse seinen Intellekt in die Gefangenschaft des Glaubens geben.[1] Hat je ein Papst dies dementiert?

Nicht schweigen konnte der Präsident des Päpstlichen Historischen Komitees, Professor Walter Brandmüller. Er eilte seinem Oberhaupt zu Hilfe. Er gab am 28. September ein Interview in dem kleinen Organ Zenit.[2] Er ging weder auf das herrenlos zurückgelassene Zitat des Kaisers ein noch auf die Entstellung des Kantzitats. Er erkannte nicht das Zitat des Bischofs von Paris. Gestand, er wisse nicht, was damit gemeint sei, und argumentierte: Die Toleranz war ständige christliche Lehre. Papst Gregor I. habe sie um 600 definiert.

Weiter sagt Brandmüller: Wenn Thomas von Aquin als Grundsatz der christlichen Moraltheologie verkünde, ein Getaufter, der den christlichen Glauben ablege, sei des Todes würdig und dem weltlichen Arm zur Hinrichtung zu übergeben, dann sei das historisch zu verstehen. Damals habe man selbst Diebe hingerichtet, und es gehe dabei nur um „unbelehrbare Häretiker". Das ist eine subtile Logik: Thomas war demnach grundsätzlich für Toleranz – was nur insofern stimmt, als er gewaltsame Bekehrung Ungetaufter verwarf –, aber ein Häretiker musste „belehrbar" sein, um ein Recht auf Leben zu haben. Dies ist eine gute Definition des Fundamentalismus.

Die Idee der Toleranz verwirft genau diesen Anspruch, und diese Idee hat die Kirche theoretisch verworfen (nicht nur de facto nicht geübt), wenn sie an der Macht war. Als das Christentum nach 313 an die Macht kam, eignete es sich „in kurzer Zeit jene Zwangsmaßnahmen an, unter denen es bis dahin selbst gelitten hatte". Als es machtlos war, plädierte es für Glaubensfreiheit. Wo es Staatsreligion war, reagierte es fundamentalistisch roh gegen Häretikergruppen. Noch wo es im 19. Jahrhundert die Mehrheit stellte, polemisierte es gegen die Idee der Toleranz. So steht es historisch korrekt im neuesten „Lexikon für Theologie" (2001). Aber der römische Oberhistoriker verteidigt den Papst mit der gegenteiligen Behauptung. Sie ist historisch falsch, und sie ist ein neues Politikum: Sie setzt die ganze Rede ins Zwielicht. Wollte der Papst nur mit dem Islam „Tacheles reden", wie jemand meinte, oder wollte er um Dialog werben? Teilte er die Meinung des Kaisers oder hat er nur vergessen, sich von ihr zu distanzieren?

Hat Brandmüller die Rede richtig verstanden, dann wollte der Papst sagen: Die Kirche besaß immer – anders als der Islam – einen Gott der Vernunft und der Liebe; sie konnte gar nicht intolerant denken, höchstens gelegentlich handeln. Der entscheidende Punkt ist: Haben nur einzelne Christen die Toleranz nicht geübt, die im Wesen des Christentums liegt, oder haben Päpste, solange sie die Macht hatten, die Toleranzidee grundsätzlich verworfen? Nicht nur einzelne Päpste wie Pius IX., sondern Päpste plus Konzilien verkündigten mit höchstem Lehranspruch, kein Getaufter könne einen gerechten Grund haben, seinen Glauben in Zweifel zu ziehen oder gar zu wechseln. Es gab keine Wahlfreiheit. Der Häretiker musste „belehrbar" sein oder sterben. Pius IX. erklärte, es sei keineswegs erlaubt, Immigranten die öffentliche Ausübung ihrer anderen Religion zu gestatten.

Und die französischen Bischöfe haben sich auf anerkannte theologische Tradition berufen, als sie die Widerrufung des Toleranzedikts von Nantes rechtfertigten. Als in der Bartholomäusnacht 1572 die Hugenotten abgeschlachtet wurden, ließ der Papst ein Te Deum singen. Brandmüller leugnet diesen Jubel nicht. Er erklärt ihn nur anders: Aus Freude darüber, dass die Protestanten nicht den französischen König umgebracht haben, sei der Lobpreis gerechtfertigt gewesen. Das ist wieder die feine Logik, die nicht jeder versteht: Es wurden etwa 5 000 Hugenotten umgebracht. Der päpstliche Gesandte berichtete, man habe geplant, den König zu ermorden. Der Papst, sagt jetzt sein Anwalt, jubelte nicht über den Tod der Ketzer, sondern über die Rettung des Königs. Aber dankte er nicht auch für den „Sieg über den Calvinismus"? So steht es im neuesten „Lexikon für Theologie und Kirche". Und Papst Gregor XIII. ließ diese günstige Gelegenheit verstreichen, die angeblich ewige Lehre der Kirche zu verkünden, sie sei gegen Gewaltanwendung in Glaubenssachen.

Anmerkungen

[1] [Vgl. Kurt Flasch, *Aufklärung im Mittelalter? Die Verurteilung von 1277*, Mainz 1989.]

[2] [In einem Interview vom 28.9.2006, nachzulesen auf der Homepage unter www.zenit.org.]

Ein Bewusstsein von dem, was fehlt

Über Glauben und Wissen und den Defätismus der modernen Vernunft

von Jürgen Habermas

Vernunft und Religion verstricken sich auch in der Moderne noch gegenseitig in Lernprozesse. Die selbstkritische Auseinandersetzung der säkularen Vernunft mit Glaubensüberzeugungen vermöchte das Bewusstsein für das Unabgegoltene religiöser Überlieferungen zu schärfen und die Vernunft gegen einen ihr innewohnenden Defätismus zu stärken.

Am 9. April 1991 fand in der Stiftskirche St. Peter in Zürich eine Totenfeier für Max Frisch statt. Zu Beginn verlas Karin Pilliod, die Lebensgefährtin, eine kurze Erklärung des Verstorbenen. Darin heißt es unter anderem: „Das Wort lassen wir den Nächsten und ohne Amen. Ich danke den Pfarrherren von St. Peter in Zürich … für die Genehmigung, dass während unserer Trauerfeier der Sarg in der Kirche sich befindet. Die Asche wird verstreut irgendwo." Es sprachen zwei Freunde. Kein Priester, kein Segen. Die Trauergemeinde bestand aus Intellektuellen, von denen die meisten mit Religion und Kirche nicht viel im Sinn hatten. Für das anschließende Essen hatte Frisch selbst noch das Menu zusammengestellt.

Damals habe ich die Veranstaltung nicht für merkwürdig gehalten. Aber deren Form, Ort und Verlauf *sind* merkwürdig. Max Frisch – ein Agnostiker, der jedes Glaubensbekenntnis verweigerte – hat offenbar die Peinlichkeit nichtreligiöser Bestattungsformen empfunden und durch die Wahl des Ortes öffentlich die Tatsache dokumentiert, dass die aufgeklärte Moderne kein angemessenes Äquivalent für eine religiöse Bewältigung des letzten, eine Lebensgeschichte abschließenden *rite de passage* gefunden hat.

Melancholie, Beunruhigung

Man kann diese Geste als Ausdruck der Melancholie angesichts eines unwiederbringlich Verlorenen verstehen. Man kann die Veranstaltung aber auch als ein paradoxes Ereignis ansehen, das uns etwas über die säkulare Vernunft sagt: Diese ist über das Opake ihres nur scheinbar geklärten Verhältnisses zur Religion beunruhigt. Gleichzeitig musste auch die Kirche, selbst die reformierte Kirche Zwinglis, über ihren Schatten springen, als sie diese Feier, säkular und „ohne Amen", in ihren geheiligten Hallen zuließ. Es besteht eine eigentümliche Dialektik zwischen dem philosophisch aufgeklärten Selbstverständnis der Moderne und dem theologischen Selbstverständnis der großen Weltreligionen, die als das sperrigste Element aus der Vergangenheit in diese Moderne hineinragen.

Es geht nicht um einen schwiemeligen Kompromiss zwischen Unvereinbarem. Wir dürfen uns um die Alternative zwischen anthropozentrischer Blickrichtung und dem Blick aus der Ferne des theo- oder kosmozentrischen Denkens nicht herumdrücken. Aber es macht einen Unterschied, ob man *mit*einander spricht oder nur *über*einander. Dafür müssen zwei Voraussetzungen erfüllt sein: Die religiöse Seite muss die Autorität der „natürlichen" Vernunft, also die fehlbaren Ergebnisse der institutionalisierten Wissenschaften und die Grundsätze eines universalistischen Egalitarismus in Recht und Moral, anerkennen. Umgekehrt darf sich die säkulare Vernunft nicht zur Richterin über Glaubenswahrheiten aufwerfen, auch wenn sie im Ergebnis nur das, was sie in ihre eigenen, im Prinzip allgemein zugänglichen Diskurse übersetzen kann, als vernünftig akzeptiert. Sowenig die eine Voraussetzung aus theologischer Sicht trivial ist, so wenig ist es die andere aus philosophischer Sicht.

Die Achsenzeit

Die moderne Wissenschaft hat die selbstkritisch gewordene philosophische Vernunft zum Abschied von den metaphysischen Konstruktionen des Ganzen aus Natur und Geschichte genötigt. Dieser Reflexionsschub hat Natur und Geschichte den empirischen Wissenschaften überantwortet und der Philosophie nicht viel mehr als die allgemeinen Kompetenzen erkennender, sprechender und handelnder Subjekte übrig gelassen. Damit ist die von Augustin bis Thomas hergestellte Synthese aus Glauben und Wissen zerbrochen. Zwar hat sich die moderne Philosophie in der Gestalt eines, wenn man so will, „nachmetaphysischen" Denkens das griechische Erbe kritisch angeeignet, sich aber gleichzeitig vom jüdischchristlichen Heilswissen abgestoßen. Während sie die Metaphysik zu ihrer eigenen Entstehungsgeschichte rechnet, verhält sie sich zu Offenbarung und Religion wie zu einem Fremden, ihr Äußeren. Mit dieser Abschiebung bleibt die Religion freilich auf eine andere Weise gegenwärtig als die verabschiedete Metaphysik. Der Riss zwischen Weltwissen und Offenbarungswissen lässt sich nicht wieder kitten. Und doch ändert sich die Perspektive, aus der das nachmetaphysische Denken der Religion begegnet, sobald die säkulare Vernunft den gemeinsamen Ursprung von Philosophie und Religion aus der Weltbildrevolution der Achsenzeit (um die Mitte des ersten vorchristlichen Jahrtausends) ernst nimmt.

Das metaphysische Denken ist zwar im Laufe der abendländischen Geschichte mit dem Christentum eine Arbeitsteilung eingegangen, die es ihm ermöglichte, sich aus der Verwaltung kontemplativ erstrebter Heilsgüter zurückzuziehen; aber in

49

ihren platonischen Anfängen hatte auch die Philosophie ihren Jüngern ein ähnlich kontemplatives Erlösungsversprechen gegeben wie die anderen kosmozentrischen „Gedankenreligionen" des Ostens (Max Weber). Unter dem Gesichtspunkt des kognitiven Schubs vom Mythos zum Logos rückt die Metaphysik an die Seite aller damals entstandenen Weltbilder, einschließlich des mosaischen Monotheismus. Sie alle ermöglichen es, die Welt von einem transzendenten Standpunkt aus als Ganzes in den Blick zu nehmen und die Flut der Phänomene von den zugrunde liegenden Wesenheiten zu unterscheiden. Und mit der Reflexion auf die Stellung des Individuums in der Welt entstand ein neues Bewusstsein von historischer Kontingenz und von der Verantwortung des handelnden Subjekts.

Wenn aber religiöse und metaphysische Weltbilder ähnliche Lernprozesse in Gang gesetzt haben, gehören beide Modi, Glauben und Wissen, mit ihren in Jerusalem und Athen basierten Überlieferungen zur Entstehungsgeschichte der säkularen Vernunft, in deren Medium sich heute die Söhne und Töchter der Moderne über sich und ihre Stellung in der Welt verständigen. Diese moderne Vernunft wird sich selbst nur verstehen lernen, wenn sie ihre Stellung zum zeitgenössischen, reflexiv gewordenen religiösen Bewusstsein klärt, indem sie den gemeinsamen Ursprung der beiden komplementären Gestalten des Geistes aus jenem Schub der Achsenzeit begreift.

Indem ich von komplementären Gestalten des Geistes spreche, wende ich mich gegen zwei Positionen – einerseits gegen die bornierte, über sich selbst unaufgeklärte Aufklärung, die der Religion jeden vernünftigen Gehalt abstreitet, aber auch gegen Hegel, für den die Religion sehr wohl eine erinnerungswürdige Gestalt des Geistes darstellt, aber nur in der Art eines der Philosophie untergeordneten „vorstellenden Denkens". Der Glaube behält für das Wissen etwas Opakes, das weder verleugnet noch bloß hingenommen werden darf. Darin spiegelt sich das Unabgeschlossene der Auseinandersetzung einer selbstkritischen und lernbereiten Vernunft mit der Gegenwart religiöser Überzeugungen. Diese Auseinandersetzung kann das Bewusstsein der postsäkularen Gesellschaft für das Unabgegoltene in den religiösen Menschheitsüberlieferungen schärfen. Die Säkularisierung hat weniger die Funktion eines Filters, der Traditionsgehalte ausscheidet, als die eines Transformators, der den Strom der Tradition umwandelt.

Das Motiv meiner Beschäftigung mit dem Thema Glauben und Wissen ist der Wunsch, die moderne Vernunft gegen den Defätismus, der in ihr selber brütet, zu mobilisieren. Mit dem Vernunftdefätismus, der uns heute sowohl in der postmodernen Zuspitzung der „Dialektik der Aufklärung" wie im wissenschaftsgläubigen Naturalismus begegnet, kann das nachmetaphysische Denken alleine fertig werden. Anders verhält es sich mit einer praktischen Vernunft, die ohne geschichtsphilosophischen Rückhalt an der motivierenden Kraft ihrer guten Gründe verzweifelt, weil die Tendenzen einer entgleisenden Modernisierung den Geboten ihrer Gerechtigkeitsmoral weniger entgegenkommen als entgegenarbeiten.

Religionspolitische Konflikte

Die praktische Vernunft leistet Begründungen für die egalitär-universalistischen Begriffe von Moral und Recht, die die Freiheit des Einzelnen und die individuellen Beziehungen des einen zum anderen auf eine normativ einsichtige Weise bestimmen. Aber der Entschluss zum solidarischen Handeln im Anblick von Gefahren, die nur durch kollektive Anstrengungen gebannt werden können, ist nicht nur eine Frage der Einsicht. Kant hat diese Schwäche der Vernunftmoral durch die Ermutigungen seiner Religionsphilosophie wettmachen wollen. Aber im Lichte derselben spröden Vernunftmoral begreift man, warum der aufgeklärten Vernunft die religiös konservierten Bilder vom sittlichen Ganzen – vom Reich Gottes auf Erden – als kollektiv verbindliche Ideale entgleiten müssen. Gleichwohl verfehlt die praktische Vernunft ihre eigene Bestimmung, wenn sie nicht mehr die Kraft hat, in profanen Gemütern ein Bewusstsein für die weltweit verletzte Solidarität, ein Bewusstsein von dem, was fehlt, von dem, was zum Himmel schreit, zu wecken und wach zu halten.

Ob ein veränderter Blick auf die Genealogie der Vernunft dem nachmetaphysischen Denken aus diesem Dilemma heraushelfen kann? Jedenfalls rückt er jenen Lernprozess in ein anderes Licht, in den sich die politische Vernunft des liberalen Staates und die Religion gegenseitig schon verstrickt haben. Damit berühre ich Konflikte, die sich heute aus der unerwarteten spirituellen Erneuerung und der beunruhigenden politischen Rolle religiöser Gemeinschaften weltweit ergeben. Abgesehen vom Hindu-Nationalismus sind der Islam und das Christentum die Hauptquellen dieser Beunruhigung.

Unter dem Gesichtspunkt der geographischen Ausbreitung sind nicht die national verfassten Religionsgemeinschaften wie die protestantischen Kirchen in Deutschland oder Großbritannien erfolgreich, sondern die katholische Weltkirche und vor allem die dezentralisiert vernetzten und weltweit operierenden Bewegungen der Evangelikalen und der Muslime. Die einen dehnen sich in Lateinamerika, China, Südkorea und auf den Philippinen aus, während sich die anderen vom Nahen Osten aus sowohl in Afrika bis jenseits der Sahara wie nach Südostasien ausbreiten, wo Indonesien die größte muslimische Bevölkerung hat. Mit dieser Revitalisierung wächst die Häufigkeit der Konflikte zwischen verschiedenen Religionsgruppen und Konfessionen. Auch wenn viele dieser Konflikte aus anderen Ursachen entstehen, entfacht die religiöse Codierung deren Glut. Seit dem 11. September 2001 ist vor allem die politische Instrumentalisierung des Islams in aller Munde. Aber auch George W. Bush hätte ohne den Kulturkampf der religiösen Rechten für die Politik, die Thomas Assheuer eine

„schlagende Verbindung von Demokratieexport und Neoliberalismus" nennt, keine Mehrheiten gefunden.

Die Mentalität des harten Kerns der „wiedergeborenen Christen" ist geprägt durch einen in der wörtlichen Auslegung heiliger Schriften begründeten Fundamentalismus. Diese Gesinnung stößt – gleichviel, ob sie uns in islamischer, christlicher, jüdischer oder hinduistischer Gestalt begegnet – mit Grundüberzeugungen der Moderne zusammen. Auf politischer Ebene entzünden sich die Konflikte an der weltanschaulichen Neutralität der Staatsgewalt, das heißt an der gleichen Religionsfreiheit für alle und der Emanzipation der Wissenschaft von religiöser Autorität. Ähnliche Konflikte haben einen guten Teil der modernen Geschichte Europas beherrscht; heute wiederholen sie sich nicht nur zwischen der westlichen und der islamischen Welt, sondern auch zwischen militanten Gruppen religiöser und säkularistischer Bürger innerhalb liberaler Gesellschaften. Wir können diese Konflikte entweder als Machtkämpfe zwischen Staatsgewalt und religiösen Bewegungen oder als Auseinandersetzungen zwischen säkularen und religiösen Überzeugungen betrachten.

Machtpolitisch gesehen kann sich der weltanschaulich neutrale Staat mit der bloßen Anpassung der Religionsgemeinschaften an eine rechtlich durchgesetzte Religions- und Wissenschaftsfreiheit zufrieden geben. Anpassung hat beispielsweise die Lage der katholischen Kirche in Europa bis zum Zweiten Vatikanischen Konzil gekennzeichnet. Aber der *liberale* Staat kann mit einem solchen *modus vivendi* nicht zufrieden sein, und zwar nicht nur aus Gründen der Instabilität eines erzwungenen Arrangements. Als demokratischer Rechtsstaat ist er nämlich auf eine in Überzeugungen verwurzelte Legitimation angewiesen.

Um sich diese Legitimation zu beschaffen, muss er sich auf Gründe stützen, die in einer pluralistischen Gesellschaft von gläubigen, andersgläubigen und ungläubigen Bürgern gleichermaßen akzeptiert werden können. Der Verfassungsstaat muss nicht nur weltanschaulich neutral handeln, sondern auch auf normativen Grundlagen beruhen, die sich weltanschaulich neutral – und das heißt nachmetaphysisch – rechtfertigen lassen. Und diesem normativen Anspruch gegenüber können sich die Religionsgemeinschaften nicht taub stellen. Deshalb kommt hier jener komplementäre Lernprozess ins Spiel, in den sich die säkulare und die religiöse Seite *gegenseitig* verstricken.

In der politischen Öffentlichkeit

Statt sich widerwillig an extern auferlegte Zwänge anzupassen, muss sich die Religion inhaltlich auf die normativ begründete Erwartung einlassen, die weltanschauliche Neutralität des Staates, gleiche Freiheiten für alle Religionsgemeinschaften und die Unabhängigkeit der institutionalisierten Wissenschaften *aus eigenen Gründen* anzuerkennen. Das ist ein folgenreicher Schritt. Denn dabei geht es nicht nur um den Verzicht auf politische Gewalt und Gewissenszwang zur Durchsetzung religiöser Wahrheiten, sondern um ein Reflexivwerden des religiösen Bewusstseins angesichts der Notwendigkeit, die eigenen Glaubenswahrheiten sowohl zu konkurrierenden Glaubensmächten wie zum Monopol der Wissenschaften auf die Produktion von Weltwissen in Beziehung zu setzen.

Umgekehrt muss sich allerdings auch der säkulare Staat, der mit seiner vernunftrechtlichen Legitimation als eine Gestalt des Geistes und nicht nur als empirische Gewalt auftritt, fragen lassen, ob er seinen religiösen Bürgern nicht etwa asymmetrische Verpflichtungen auferlegt. Der liberale Staat gewährleistet nämlich die gleichmäßige Freiheit der Religionsausübung nicht nur, um Ruhe und Ordnung aufrechtzuerhalten, sondern aus dem normativen Grunde, die Glaubens- und Gewissensfreiheit eines jeden zu schützen. Er darf deshalb von seinen religiösen

Bürgern nichts verlangen, was mit einer authentisch „aus dem Glauben" geführten Existenz unvereinbar ist.

Darf der Staat diesen Bürgern eine Aufspaltung ihrer Existenz in öffentliche und private Anteile vorschreiben, beispielsweise durch die Verpflichtung, ihre Stellungnahmen in der politischen Öffentlichkeit nur mit nichtreligiösen Gründen zu rechtfertigen? Oder soll die Verpflichtung zum Gebrauch einer weltanschaulich neutralen Sprache doch nur für Politiker gelten, die in den staatlichen Institutionen rechtsverbindliche Entscheidungen treffen? Wenn aber religiös begründete Stellungnahmen in der politischen Öffentlichkeit einen legitimen Platz haben, wird von Seiten der politischen Gemeinschaft offiziell anerkannt, dass religiöse Äußerungen zur Klärung kontroverser Grundsatzfragen einen sinnvollen Beitrag leisten *können*.

Das wirft nicht nur die Frage der späteren Übersetzung ihres vernünftigen Gehalts in eine öffentlich zugängliche Sprache auf. Vielmehr muss der liberale Staat dann auch von seinen säkularen Bürgern erwarten, dass sie in ihrer Rolle als Staatsbürger religiöse Äußerungen nicht für schlechthin irrational halten. Angesichts der Verbreitung eines wissenschaftsgläubigen Naturalismus ist das keine selbstverständliche Voraussetzung. Die Ablehnung des Säkularismus ist alles andere als trivial. Sie berührt wiederum unsere Ausgangsfrage, wie sich die moderne Vernunft, die sich von Metaphysik verabschiedet hat, im Verhältnis zur Religion verstehen soll. Ebenso wenig trivial ist freilich die Erwartung, dass sich die Theologie auf das nachmetaphysische Denken ernstlich einlässt.

Die Regensburger Rede

Papst Benedikt XVI. hat mit seiner jüngst in Regensburg gehaltenen Rede der alten Auseinandersetzung über Hellenisierung und Enthellenisierung des Christentums eine unerwartet modernitätskritische Wendung gegeben. Er hat damit auch eine negative Antwort auf die Frage gegeben, ob sich die christliche Theologie an den Herausforderungen der modernen, der nachmetaphysischen Vernunft abarbeiten muss. Der Papst beruft sich auf die von Augustin bis Thomas gestiftete Synthese aus griechischer Metaphysik und biblischem Glauben und bestreitet implizit, dass es für die in der europäischen Neuzeit faktisch eingetretene Polarisierung von Glauben und Wissen gute Gründe gibt. Obwohl er die Auffassung kritisiert, „man müsse nun wieder hinter die Aufklärung zurückgehen und die Einsichten der Moderne verabschieden", stemmt er sich gegen die Kraft der Argumente, an denen jene weltanschauliche Synthese zerbrochen ist.

Der Schritt von Duns Scotus zum Nominalismus führt jedoch nicht nur zum protestantischen Willensgott, sondern ebnet auch den Weg zur modernen Naturwissenschaft. Kants kritische Wende führt nicht nur zu einer Kritik der Gottesbeweise, sondern auch zu dem Autonomiebegriff, der unser modernes Verständnis von Recht und Demokratie erst möglich gemacht hat. Und der Historismus führt nicht zwangsläufig zu einer relativistischen Selbstverleugnung der Vernunft. Als Kind der Aufklärung macht er uns für kulturelle Unterschiede sensibel und schützt uns vor der Überverallgemeinerung kontextabhängiger Urteile. *Fides quaerens intellectum* – so begrüßenswert die Suche nach der Vernünftigkeit des Glaubens ist, so wenig hilfreich scheint es mir zu sein, jene drei Enthellenisierungsschübe, die zum modernen Selbstverständnis der säkularen Vernunft beigetragen haben, aus der Genealogie der „gemeinsamen Vernunft" von Gläubigen, Ungläubigen und Andersgläubigen auszublenden.

Glaube und Vernunft

Ein Plädoyer für ihre Verbindung in evangelischer
Perspektive

von Wolfgang Huber

I. „Soll denn der Knoten der Geschichte so aufgehen, die
Wissenschaft mit dem Unglauben und die Religion mit der
Barbarei?" So fragte vor zweihundert Jahren Friedrich Da-
niel Schleiermacher einen Freund. Dieser Kirchenvater des
modernen Protestantismus trat in seinem Leben als Platon-
übersetzer und Kirchenpolitiker, als Religionsphilosoph und
Prediger, als Theologe und Kunsttheoretiker hervor. In all
diesen Hinsichten suchte er zu erweisen, dass Vernunft und
Glaube grundsätzlich zusammengehören und deshalb auch im
Leben zusammengehalten werden müssen. Hellsichtig nahm
er wahr, dass die Verbindung von Glauben und Vernunft von
unterschiedlichen Seiten aus in Frage gestellt wird. Während
auf der einen Seite die Religion sich den Ansprüchen der Vernunft zu entziehen sucht, wird auf der anderen Seite im Namen der Vernunft die Brücke zur Religion abgebrochen. Doch
so soll „der Knoten der Geschichte" nicht aufgehen. Dass der
Gott der Philosophen und der Gott der Bibel auseinander treten könnten, hätte Schleiermacher, der Liebhaber Athens wie
Jerusalems, schlicht als Katastrophe empfunden.

Die Verbindung von Glauben und Vernunft gehört zu den
bestimmenden Merkmalen des Protestantismus. Für manchen
mag das dadurch verdunkelt sein, dass der Reformator Martin
Luther sich unter Einsatz all seiner polemischen Kraft gegen
einen Herrschaftsanspruch der Philosophie über die biblische
Botschaft zur Wehr setzte und dabei auch vor der Rede von

der „Hure Vernunft" nicht zurückscheute. Doch Luther war, ebenso wie die anderen Reformatoren, zugleich von der Überzeugung bestimmt, dass die Vernunft mit all ihrem Vermögen der Erkenntnis der biblischen Wahrheit zu dienen habe. Schon der junge Luther erklärte deshalb in seinem Kommentar zum Römerbrief, dass die Vernunft „für das Beste" eintrete und „gute Werke" tue. Und der höchste Titel, den er für sich selbst gelten ließ, war derjenige eines „Doctors der Heiligen Schrift". Damit bahnte die Reformation der Ausbildung der Theologie zu einer kritischen Wissenschaft im modernen Sinn ebenso den Weg, wie sie die Verbindung von Glauben und Bildung in das Zentrum des kirchlichen Auftrags rückte.

Die für den Protestantismus unaufgebbare Achse zwischen philosophischer Welt und biblischem Denken zeigt sich in bisweilen überraschendem Maße in der theologischen Literatur des 17. Jahrhunderts, das zwischen den Jahrhunderten der Reformation und der Aufklärung vermittelt. Sie zeigt sich erst recht in der Theologie der Aufklärungszeit. Dennoch ist es genau diese Zeit, die Schleiermachers Sorge weckt, es könne auseinander treten, was doch zusammen gehört. Diese Sorge, in die sich durchaus auch eine Spur heiligen Zornes mischt, ist durch zwei Entwicklungen bestimmt. Die eine Entwicklung kommt aus Frankreich und folgt einem philosophischen Materialismus, der die Religion ins Reich des Irrationalen verbannen will. Die andere kommt aus dem Christentum selbst und ist von der Angst vor der Moderne geleitet. In einem Geist der Abschottung werden hier Einsichten von Bibelkritik und kirchengeschichtlicher Forschung genauso verdammt wie neue Entdeckungen der Naturwissenschaft. Der christliche Glaube soll nach dieser Auffassung als Gegengift gegen den Geist der Moderne wirken und eine vermeintlich heilsame Ausflucht aus den Anforderungen der Zeit bewirken. Hellsichtig beschreibt Schleiermacher schon in seinen berühmten „Reden über die Religion" von 1799, worin die Folge dieser Entwicklung besteht. Die Religion sucht sich neue Felder, auf denen sie der Infragestellung durch die Moderne scheinbar entkommt: den Rückzugsraum des bürgerlichen Wohnzimmers mit seiner Geschmacks- und Unterhaltungsreligion einerseits und andererseits den übersteigerten Glauben an die Nation.

Solche Auswanderungsbewegungen des Religiösen, wie der Kirchenvater des modernen Protestantismus sie an der Wende zum 19. Jahrhundert diagnostiziert, üben auch heute noch ihren Einfluss aus. Immer wieder machen sich Tendenzen zur Ästhetisierung wie zur Politisierung der Religion breit. Im einen Fall wird die Religion zu einer privaten Sinnsuche in der Welt des Schönen und Erhabenen; im anderen wird sie zum Medium des Bürgerkriegs. Die eine Gestalt des Religiösen spinnt sich in einer hoch individualisierten Welt ein; die andere sucht die Masse und meidet jegliche Differenzierung. Beide Gestalten religiöser Sinnsuche haben eines gemeinsam: Sie scheuen den Kontakt zur vernünftigen Seite des Glaubens; dieser Kontakt aber hat notwendigerweise mit kritischer Urteilskraft, mit wissenschaftlichem Dialog und mit Verantwortung vor dem Forum der öffentlichen Vernunft zu tun.

Ästhetisierung und Politisierung der Religion lassen keine der drei großen Überlieferungsformen des christlichen Glaubens – Katholizismus, Orthodoxie und Protestantismus – unberührt. Doch aus guten Gründen ist Schleiermacher davon überzeugt, dass der Protestantismus sich selbst von innen heraus auflöst, wenn der Knoten der Geschichte in einer solchen Weise aufgeht. Denn der Protestantismus ist aus streng theologischen Gründen auf die enge Verbindung von Glauben und Vernunft angewiesen. Das gilt um des Glaubens willen, der subjektiv angeeignet, also verstanden werden will; und es gilt um der Vernunft willen, für die der Stachel kritischer Selbstreflexion unentbehrlich ist, damit sie ihre Endlichkeit weder vergisst noch verleugnet.

II. In seiner evangelischen Gestalt konzentriert sich der christliche Glaube darauf, dass Jesus Christus die Wahrheit des Evangeliums in Person ist. Diese Wahrheit befreit den Menschen aus der Selbsttäuschung, er verdanke sein Leben sich selbst und könne ihm aus eigener Kraft einen bleibenden Sinn verleihen. Sie verankert die Würde des Menschen in der Wirklichkeit Gottes und somit in einer Macht, die größer ist als er selbst; nur deshalb kann diese Würde als unantastbar gelten. Deshalb konzentriert sich die evangelische Gestalt des christlichen Glaubens seit der Reformation bis zum heutigen Tag auf das Thema der christlichen Freiheit; die evangelische Kirche versteht sich als eine Kirche der Freiheit.

Diese Konzentration hat erhebliche Folgen. Zu ihnen zählt, dass der zur Freiheit Berufene über den Glauben soll Auskunft geben können, durch den er diese Freiheit empfängt. Die Freiheit des christlichen Glaubens fordert deshalb, sich seiner Vernunft zu bedienen. Dies zu tun, ist ein wesentliches Kennzeichen der Freiheit selbst. Denn so wie sich der Mensch als individuelle Person unvertretbar von Gott angesprochen weiß, ist er auch unvertretbar zeugnis- und auskunftspflichtig. Die Pflicht dazu kann an keine noch so gelehrte oder mächtige Instanz in oder außerhalb der Kirche delegiert werden. Denn sich ausschließlich auf die Vernunft anderer zu verlassen, ist mit der Entdeckung des Gewissens und seiner Freiheit, dieser besonderen Errungenschaft der Reformation, nicht zu vereinbaren. Deshalb ist das Verhältnis von Glaube und Vernunft im evangelischen Verständnis immer wieder in Anknüpfung an eine berühmte Formel des Anselm von Canterbury zum Ausdruck gebracht worden: „Neque enim quaero intelligere ut credam sed credo ut intelligam. Fides quaerens intellectum. – Nicht suche ich nämlich einzusehen, um zu glauben. Sondern ich glaube, um einzusehen. Der Glaube auf der Suche nach Einsicht."

Die Einsicht des Glaubens hat beim Glauben selbst einzusetzen. Von ihm her erschließt sich, was die Vernunft im Kontext des Glaubens aufzuklären vermag. Deshalb hat Eberhard Jüngel vorgeschlagen, Anselms Rede von der „fides quaerens intellectum" zu ergänzen und der Klarheit halber von einer „fides quaerens intellectum quaerentem fidem" zu sprechen: der Glaube ist auf der Suche nach Einsicht, die ihrerseits auf der Suche nach dem Glauben ist. Eine nicht durch den Glauben aufgeklärte Vernunft bleibt unerfahren und unaufgeklärt, weil sie sich keine Rechenschaft über ihre Grenzen ablegt. Sie verkennt ihren Charakter als endliche Vernunft, dem Menschen anvertraut, damit er mit seiner endlichen Freiheit umzugehen lerne. Ein nicht durch die Vernunft aufgehellter Glaube aber trägt die Gefahr in sich, barbarisch und gewalttätig zu werden. Stattdessen ist es nötig, die wechselseitige Verwiesenheit von Vernunft und Glaube immer wieder neu zu entfalten.

„Die Grundentscheidungen, die den Zusammenhang des Glaubens mit dem Suchen der menschlichen Vernunft betreffen, die gehören zu diesem Glauben selbst und sind seine ihm gemäße Entfaltung", hat Papst Benedikt XVI. in seiner Regensburger Ansprache mit vollem Recht festgestellt. Man braucht sich freilich nicht auf einen vorneuzeitlichen, „griechischen" Vernunftbegriff zu beschränken, um diese Aussage aus vollem Herzen zu bejahen. Auch die neuzeitlichen Bemühungen um die Zusammengehörigkeit von Vernunft und Glauben lassen sich von hier aus verstehen; eigene Bemühungen lassen sich daran anschließen. Denn der Zusammenhang des Glaubens mit dem Suchen der menschlichen Vernunft muss immer wieder neu entfaltet und ausgelegt werden. Nur in einer solchen, immer wieder erneuerten Aneignung bewahrt er vor einer glaubenslosen Vernunft ebenso wie vor einem vernunftlosen Glauben.

Dieser innere Zusammenhang von Glaube und Vernunft versteht sich keineswegs von selbst. Gegen ihn steht, wie es scheint, ganz besonders die kopernikanische Wende Immanuel Kants zum Subjekt als dem unhintergehbaren Ausgangspunkt alles Weltwissens. Besonders folgenreich war es, dass man diesen von Kant vollzogenen Schritt im Sinn einer definitiven Trennung zwischen Weltwissen und Gottesglauben gedeutet hat. Charakteristisch dafür sind die Missverständnisse, die Kants berühmtes Diktum auf sich gezogen hat, er habe „das Wissen aufheben" müssen, „um zum Glauben Platz zu bekommen". Es ist durchaus angezeigt, diese Passage aus Kants Vorrede zur „Kritik der reinen Vernunft" im Wortlaut zu zitieren, nachdem sie durch Papst Benedikt XVI. in der Fassung wiedergegeben wurde, Kant „habe das Denken beiseite schaffen müssen, um dem Glauben Platz zu machen".

Kant jedoch stellt den Gottesgedankens mit seinen Worten nicht außerhalb des Denkens; und er besetzt nicht einen dadurch entstehenden, vermeintlich vernunftlosen Raum durch den Glauben. Sondern er befreit den Gottesgedanken aus dem Einzugsbereich des Erfahrungswissens, das sich der Mittel der Beobachtung und des Beweises bedient. Er zeigt, dass Gott den Rahmen unserer raumzeitlich geprägten Weltzugänge prinzipiell übersteigt. Damit wird nicht die Idee Gottes, sondern die Reichweite der Erfahrungswissenschaften eingeschränkt. Die Versuche, Gott als notwendige Ursache aus den Gesetzen der Welt abzuleiten, werden damit hinfällig. Gottes Überlegenheit über die Schöpfung wird dadurch neu zur Sprache gebracht. So reißt Kant Vernunft und Glauben nicht etwa auseinander, sondern bahnt einen Weg dazu, dass der Gottesgedanke auch vor dem Forum der philosophischen Vernunft Bestand haben kann. Man mag diesen Weg als problematisch ansehen; aber man sollte sich jedenfalls nicht auf die Aufklärung im kantischen Sinn des Wortes berufen, um die These zu begründen, die Aufklärung habe die Verbindung zwischen Vernunft und Glauben definitiv aufgelöst.

Das christliche Verständnis von Gott als Schöpfer und Erhalter der Welt fügt sich in einen solchen Zugang zum Gottesbegriff durchaus ein. Die verbreitete Rede vom bloßen „Postulatengott", der nur noch vage innerphilosophische Funktion für die praktische Vernunft habe und als eine Art „Erfüllungsgehilfe der protestantischen Ethik" diene, unterschätzt die Bedeutung der Gottesidee für die Freiheit der Person. Im Sinne Kants ist Gott der umfassende Horizont für jegliches Tun, auch für das theoretische Nachdenken. Der einigende Grund der Welt, der einzig Aussicht darauf gibt, dass Leben glücken kann, schließt so auch die Welt der Wissenschaft und der wissenschaftlich angeleiteten Erfahrung ein. Dem Glauben wird auf diese Weise keineswegs, wie Papst Benedikt XVI. befürchtet, „der Zugang zum Ganzen der Wirklichkeit abgesprochen". Nein, er *ist* dieser Zugang zum Ganzen der Wirklichkeit. Indem er das Verhältnis zur Wirklichkeit im Gottesverhältnis verankert, eröffnet er einen Zugang zur inneren Einheit des Daseins, in welchem das Verhältnis des Menschen zu sich selbst, zu den anderen Menschen und zur Welt miteinander verbunden ist.

Der Glaube wird in einer solchen Überlegung als eine Einstellung zur Wirklichkeit verstanden, die allem Wissen vorausliegt. Doch es ist ein gravierendes Missverständnis, den Glauben deshalb für irrational zu erklären oder in die Kammer des bloßen Fühlens und Meinens zu sperren. Dass er freilich mehr in sich schließt als die bloße Kenntnisnahme richtiger Lehrsätze, ist gerade im evangelischen Verständnis des Glaubens immer in starker Form herausgearbeitet worden. Denn der Glaube ist in der Tat nicht nur eine im Wissen beheimatete Gewissheit, sondern er ist eine umfassende Daseinsgewissheit. Zu ihr gehört das Vertrauen in die Gegenwartsmächtigkeit Gottes ebenso hinzu wie die innere Zustimmung dazu, sich im eigenen Leben von der Gegenwart Gottes bestimmen zu lassen. In Gott erschließt sich für den Glaubenden der umfassende Sinn, auf den er für den Umgang mit der Endlichkeit seiner Existenz im Ganzen wie für alles Handeln unter den Bedingungen dieser Endlichkeit angewiesen ist. Damit eröffnet er die Einsicht, dass der Mensch auch als Vernunftwesen nur frei sein kann, wenn er sich von einem anderen her bestimmen lässt. In dieser Einsicht findet die Freiheit eines Christenmenschen eine durchaus moderne Fassung.

III. Ist ein in diesem präzisen Sinn modernes, durch die Reformation und ihre neuzeitliche Wirkungsgeschichte geformtes Glaubensverständnis zwangsläufiger Weise eine Reduktion des Christentums auf ein „armseliges Fragmentstück"? Vor allem den großen evangelischen Kirchenhistoriker Adolf von Harnack hat Papst Benedikt zum Beispiel für eine solche Reduktion gewählt. Nun trifft der Hinweis auf das Bruchstückhafte unseres Erkennens alle Theologie. Sie steht in all ihren Formen unter dem Vorbehalt des Apostels Paulus: „Wir sehen jetzt durch einen Spiegel ein dunkles Bild; dann aber von Angesicht zu Angesicht. Jetzt erkenne ich stückweise; dann aber werde ich erkennen, wie ich erkannt bin. Nun aber bleiben Glaube, Hoffnung, Liebe, diese Drei; aber die Liebe ist die größte unter ihnen" (1. Korinther 13, 12f.). Mit großer Kühnheit wird hier dem Glauben, der Hoffnung, der Liebe selbst ein fragmentarischer, bruchstückhafter Charakter zugesprochen; gerade darin sind sie Vorzeichen der Fülle, die erst noch kommt. Wenn das sogar für Glauben, Hoffnung und Liebe gilt – für jene Haltungen, die in der theologischen Tradition „theologische Tugenden" heißen – wie viel mehr dann für die Vernunft, mit deren Hilfe der Glaube auf der Suche nach Einsicht ist. Dennoch ist diese Vernunft immer wieder darauf aus, sich dem Ganzen der Wahrheit zu nähern. Und es geschieht auch immer wieder, dass sie dahinter über das Maß des Unausweichlichen hinaus zurückbleibt – dann beispielsweise, wenn sie den Glauben der Herrschaft des Erfahrungswissens in der Gestalt der modernen Naturwissenschaft einfach unterstellt. Doch dazu, eine solche Auflösung des Bündnisses von Vernunft und Glauben unter der Überschrift eines „Enthelleni-

sierungsprogramms" wie eine unaufhaltsame Verhängnisge-
schichte zu betrachten und für dieses Verhängnis Reformation
und Aufklärung in herausgehobenem Sinn zu Schuldigen zu
erklären, besteht kein zwingender Grund.

Engführungen hat es in der Epoche evangelischer Theologie, für die Adolf von Harnack stand, ganz gewiss gegeben.
Sie haben deshalb Erneuerungsbewegungen provoziert, deren
Vertreter vor allem Karl Barth und die Dialektische Theologie waren. Inzwischen entdecken wir auch deren fragmenta-
rischen Charakter und bemühen uns darum, auch über deren
Engführungen hinauszudenken. Auch die Theologie ist ein
Feld, auf dem sich die Einsicht in den geschichtlichen Charakter der menschlichen Vernunft bewährt.

Gewiss ist der Relativismus eine besondere Gefährdung der
Moderne. Und ganz gewiss hat er das Lebensgefühl in Europa
in der zurückliegenden Generation auf beunruhigende Weise geprägt. Doch man braucht nicht dem neuzeitlichen Vernunftbegriff insgesamt den Abschied zu geben, um sich der
Gegenkraft zu vergewissern, die gegen einen solchen Relativismus in Anspruch genommen werden kann: Glaube auf der
Suche nach Einsicht.

Der so verstandene Glaube ist alles andere als unpersönlich.
Denn der christliche Glaube leitet dazu an, den Begriff Gottes
von der Menschwerdung Gottes her zu denken; der christliche
Glaube hat seine innere Bestimmtheit darin, dass Gott als Person begegnet, als die Person des Jesus von Nazareth. Es ist das
darin begründete Vertrauen in die Zugänglichkeit Gottes, aus
dem sich im christlichen Verständnis die unlösliche Verbindung zwischen Gott und der Vernunft ergibt.

Man muss die Entsprechung zwischen Gott und Mensch, die
Gott selbst in seiner Menschwerdung manifest werden lässt,
im Gottesbegriff selbst verankern und deshalb die Zusammengehörigkeit zwischen Gott und Vernunft zur Geltung bringen.
Wo immer das Vernunftwidrige im Namen Gottes begründet

oder gerechtfertigt wird, ist deshalb Widerspruch angesagt. Darauf hat Papst Benedikt XVI. aufmerksam gemacht, als er eine Argumentation gegen „Bekehrung durch Gewalt" vortrug, die bereits auf das Jahr 1391 zurückgeht. Eine Einsicht ist das freilich, die keineswegs nur gegenüber der Gewaltneigung im Islam geltend gemacht werden muss. Sie ist vielmehr auch selbstkritisch gegen alle Gewaltanwendung, erst recht gegen jede Bekehrung durch Gewalt in der Geschichte des Christentums zu wenden. Es war eine Verarbeitung solcher geschichtlicher Erfahrungen, wenn die Reformation es zum Programmsatz erhob, dass das Evangelium „ohne Zwang, allein durch das Wort" ausgebreitet werden solle.

Die katholische Deutsche Bischofskonferenz hat diese Einsicht unlängst auf kluge Weise aufgenommen. Ausdrücklich hat sie erklärt, dass auch die christlichen Kirchen aus ihrer Geschichte die Versuchung der Gewalt kennen und ihr keineswegs immer widerstanden haben. Eine solche selbstkritische Haltung bildet eine notwendige Voraussetzung dafür, an den Islam mit der Erwartung heranzutreten, dass er der religiösen Legitimation von Gewalt und der Instrumentalisierung von religiösen Überzeugungen zu politischen Zwecken deutlich und wirksam entgegentritt.

Eine solche Überlegung über die Zusammengehörigkeit von Gott und Vernunft enthält freilich keinen letztlich überzeugenden Grund dafür, diese Zusammengehörigkeit gegen den Respekt gegenüber einem göttlichen Wollen auszuspielen. Dieses besteht, wie die biblische Auslegung der Menschwerdung Gottes eindrücklich nahe legt, darin, dass Gottes Wollen Liebe ist. Diese Liebe gilt jedem einzelnen Menschen und verleiht ihm einen unendlichen Wert, eine unantastbare Würde. Diese Liebe verbürgt, dass Gott es mit seiner Welt trotz des abgründig Bösen, das in ihr begegnet, und mit dem Menschen trotz der Sünde, in die er verstrickt ist, gut meint. Gottes Treue zu seiner Schöpfung und die Rettung des Sünders durch Gottes Gnade bestimmen den Ort des Menschen in der Welt. Sie bestimmen den Auftrag des einzelnen Menschen, von dieser Vorgabe des Glaubens her den Sinn seines Lebens zu verstehen und die Aufgaben seines Lebens zu erfüllen.

Das ist der Zusammenhang, in dem im christlichen Sinn vom Individuum zu reden ist. Es ist zugleich der Grund, aus dem schon die Reformatoren, aber ebenso auch neuzeitliche protestantische Denker wie Kant oder Schleiermacher ein emphatisches Verhältnis zum Individuum entwickelten. Dabei war stets deutlich, dass dieses Individuum nicht eine von den anderen Menschen und der Welt abgesonderte „Privatperson" ist. Vielmehr vollzieht sich sein Leben in Relationen – im Verhältnis zu sich selbst, zu den anderen und zur Welt und in all dem im Verhältnis zu Gott. Aber dies vorausgesetzt, muss man die starken Gründe respektieren, die gegen eine Ausgestaltung des religiösen Lebens sprechen, die das Individuum nicht achtet. Jeder Christenmensch ist dazu berufen, sich in seinem Glauben über sich selbst aufzuklären. Selbstverständlich kann er das nicht ausschließlich im Selbstgespräch; denn woher sollten dann neue Anregungen und andere Perspektiven kommen. Christ ist man nicht allein, sondern im lebendigen Austausch einer Gemeinschaft. Für das Bekenntnis des Glaubens gilt stets die Erste Person: „Ich glaube…", heißt es im Glaubensbekenntnis. Wenn die Erste Person Singular sich in die Erste Person Plural verwandelt, dann, weil der Einzelne einstimmt in das gemeinsame Bekennen, in den Vollzug der Liturgie oder in die Worte des Gebets. Aber auch in dieser Hinsicht gilt der Grundsatz: „Nicht durch Zwang, allein durch das Wort." Das gemeinsame Bekenntnis des Glaubens ist ein Akt des freiwilligen Einstimmens.

IV. Freiwilliges Einstimmen setzt Bildung voraus. Wenn man den Protestantismus eine Bildungsreligion genannt hat, dann liegt die Ursache dafür in der ihm eigentümlichen positiven Bestimmung des Verhältnisses von Vernunft und Glauben. Er orientiert sich am Leitbild des mündigen Christen, der in der Lage ist, über seinen Glauben Auskunft zu geben. Wer die Rolle des Glaubens für die Vernunft und die Rolle der Vernunft für den Glauben ernst nimmt, der wird nicht annehmen, dass religiöse Bildung sich in aufsagbarem Wissen erschöpft – so sehr man wünschen möchte, dass Christen wieder mit größerer Selbstverständlichkeit einen Kanon von biblischen Texten, Bekenntnissen, Liedern und Gebeten ihr eigen nennen. Ein gebildeter Christenmensch ist jedoch zugleich in der Lage, das persönliche Leben mit einem umfassenden Lebenssinn zu verknüpfen und anderen davon Zeugnis zu geben.

Das schließt die Beheimatung im Eigenen wie die Wahrnehmung des Fremden ein. Der Zugang zum Glaubenswissen der eigenen Religion muss sich heute mit einer Wahrnehmungsfähigkeit für andere Religionen verbinden. Auch die Arbeit der Theologie muss von dieser Doppelaufgabe her wahrgenommen werden. Neben die individuelle Vernunft tritt in Gestalt der Theologie die wissenschaftliche Vernunft.

Wissenschaftliche Theologie ist für die Selbstvergewisserung des Glaubens und damit für die Kirche unentbehrlich. Die Kirche ist stets auf die gründliche wissenschaftliche Auseinandersetzung mit den Quellen und Klassikern des christlichen Glaubens angewiesen. Sie braucht die gründliche Erarbeitung ihrer Geschichte und den Stachel, der darin liegt, dass liebgewordene Ansichten als Irrtümer erkannt werden.

Aber nicht nur die individuelle und die wissenschaftliche, sondern auch die öffentliche Vernunft ist eine kritische Bündnispartnerin des Glaubens. Gewiss zeigen sich die Glaubwürdigkeit und die Anziehungskraft des Glaubens zu allererst in der religiösen Praxis, in gehaltvollen Gottesdiensten, in der diakonischen Zuwendung zu den Schwachen, im verantwortlichen Handeln eines jeden in seinem Beruf. Doch notwendig ist ebenso der öffentliche Dialog über den Sinn des christli-

chen Glaubens und seine praktischen Folgen. Wenn beispielsweise Kunst und Religion einander ins Gehege kommen, weil
künstlerische Freiheit und religiöse Gefühle aufeinander stoßen, dann muss eine ebenso offene wie differenzierte Debatte erfolgen, weil unsere Freiheit Religion und Kunst zugleich
umfasst. Die bisweilen mangelnde Auseinandersetzung kirchlicher Kreise mit der Kunst der Gegenwart muss dann genauso
zum Thema werden wie das bisweilen allzu schlichte Niveau
künstlerischer oder intellektueller Religionskritik.

Die kritische Begleitung des Glaubens durch die Vernunft hat
nicht zuletzt Konsequenzen für das Verständnis der Kirche. Die
Kirche verkündigt die Wahrheit, die ihr anvertraut ist, nicht
nur anderen. Sie ist als Gemeinschaft der Glaubenden vielmehr
auch selbst die Adressatin dieser Wahrheit. Sie herrscht nicht
über diese Wahrheit, sondern dient ihr; sie verfügt nicht über
sie, sondern bleibt auch selbst hinter ihr zurück. Deshalb muss
sie ihr eigenes Handeln und ihre Gestalt immer wieder in das
Licht der Glaubenswahrheit rücken. Sie steht selbst in der Geschichte und ist mit der Wahrheit, die alle Geschichte übersteigt, nicht selbst identisch. Sie muss sich ihrer Geschichtlich-
keit bewusst sein und darf sich nicht selber schonen, wenn es
darum geht, die eigene Schuld zu bekennen.

Wie lange hat es gedauert, bis die Christenheit ihr Verhältnis
zum säkularen Staat bestimmt, die Menschenrechte bejaht oder
mit der Demokratie als Lebensform Frieden geschlossen hatte? Dabei waren das alles Entwicklungen, die dem christlichen
Glauben selbst den entscheidenden Impuls verdankten – und
doch waren die damit verbundenen kirchlichen Lernprozesse
allzu zögerlich. Wie zäh haben sich Formen der Gewalt im
Christentum festgesetzt? Wie tief hatte sich der Antijudaismus
in unsere Glaubensvorstellungen gefressen? Das Verhältnis
von Vernunft und Glaube schließt dunkle Kapitel ein.

Auch im Dialog mit dem Islam sind diese Kapitel nicht zu
verschweigen. Wenn der Islam, der über weite Strecken eine

Religion der Herrschaft ist, dem Frieden dienen soll, den sein Name enthält, dann muss das Christentum, das eine Religion der Liebe ist, auch von den Verschattungen dieser Liebe in seiner eigenen Geschichte sprechen. Nur so kann für die heilsame Verbindung von Vernunft und Glaube geworben werden. Eine Kirche, die ihre Geschichte auch im Licht solcher heilsamer Revisionen und Reformationen sieht, wird sich auch in Zukunft für bessere Einsichten öffnen. Sie wird um der Zusammengehörigkeit von Vernunft und Glaube willen in der Bereitschaft zur Erneuerung eine bleibende Verpflichtung sehen – *ecclesia semper reformanda*.

Glaube und Vernunft

Zur protestantischen Diskussion um die Regensburger
Vorlesung von Papst Benedikt XVI.

von Walter Kardinal Kasper

Die Vorlesung, die Papst Benedikt XVI. in Regenburg über
das Verhältnis von Glaube und Vernunft gehalten hat, hat wie
kaum eine andere Rede des Jahres 2006 weltweit Aufmerksamkeit gefunden[1]. Zunächst hat sie zu Irritationen und zu gewalt-
tätigen Protesten in der islamischen Welt geführt. Besonnene
Reaktionen maßgebender muslimischer Repräsentanten sowie
die Aussagen und das Auftreten des Papstes bei seiner Türkei-
reise haben die entstandenen Missverständnisse bei Muslimen
guten Willens wieder beruhigt und sind inzwischen sogar An-
lass zu einem sachlichen Gespräch mit der muslimischen Welt
über das Thema Religion, Gewalt und Vernunft geworden.

Neue reformatorische Positionsbestimmung?

Inzwischen ist es zu einer ganz anderen Auseinandersetzung
mit evangelischen Theologen gekommen. Der Papst war ja im
zweiten Teil seiner Rede im Zusammenhang der Enthelleni-
sierungsproblematik kritisch auf Aspekte der protestantischen
Verhältnisbestimmung von Glaube und Vernunft eingegangen. Das hat zunächst den Ratsvorsitzenden der EKD, Bischof
Wolfgang Huber, in einem ganzseitigen, respektvoll formu-
lierten Artikel in der „Frankfurter Allgemeinen Zeitung" auf
den Plan gerufen[2]. Wesentlich schärfer hat der Münchener
Systematiker Friedrich Wilhelm Graf in der „Süddeutschen
Zeitung" in der Regensburger Vorlesung „eine radikal an-

tiprotestantische religionspolitische Agenda"[3] ausgemacht. Einen Tiefpunkt der Auseinandersetzung stellt dagegen der Artikel des Praktischen Berliner Theologen Wilhelm Gräb in der evangelischen Zeitschrift „Zeitzeichen" dar; schon der Titel „Selbst denken nicht möglich" ist beleidigend und spricht nicht für die neuzeitliche Toleranzkultur, für die er einzutreten vorgibt[4].

Bei dem zuletzt genannten Artikel fragt man sich, ob der Autor je eine der einschlägigen Schriften von Joseph Ratzinger überhaupt zur Kenntnis genommen hat, von den Dokumenten des Zweiten Vatikanischen Konzil über „Religionsfreiheit" und „Die Kirche in der Welt von heute" ganz zu schweigen. Bedenkt man, was bei dem Thema „Glaube und Vernunft" im Gespräch mit dem Islam und mit den Weltreligionen wie mit der modernen und postmodernen Welt von heute für alle Kirchen und für sie gemeinsam auf dem Spiel steht, dann kann man über einen solchen Rückfall in Kulturkampfparolen des 19. Jahrhunderts nur den Kopf schütteln.

Liest man alle drei Artikel aufmerksam, dann ist man überrascht, welch geringe Rolle darin Martin Luther spielt. Bischof Huber nimmt Luther für einen Bildungs- und Kulturprotestantismus in Anspruch, dem die deutsche Kultur- und Geistesgeschichte in der Tat nicht wenig zu verdanken hat. Bemerkenswert ist jedoch, dass alle drei Artikel den für Luther grundlegenden Ausgangspunkt für die Verhältnisbestimmung von Glaube und Vernunft übergehen. Dieser findet sich in Luthers Theologie des Kreuzes, die schon in der Heidelberger Disputation von 1518 aufscheint. Dort bezeichnet Luther die Kreuzestheologie als „theologia paradoxa", der er die Philosophie des Aristoteles scharf entgegen stellt (vgl. WA 1, 353–355).

Ähnlich marginalisiert wird die Position von Karl Barth, des wohl bedeutendsten systematischen evangelischen Theologen des 20. Jahrhunderts. Bischof Huber nennt ihn als kritisches Korrektiv gegenüber der liberalen Theologie, weist dann aber sofort auf dessen Einseitigkeiten hin. Diese doppelte Marginalisierung ist für das katholisch-evangelische Gespräch nicht ohne Bedeutung – waren doch die Luther-Renaissance und Karl Barths dialektische Wort-Gottes-Theologie die zwei Pfeiler, auf denen evangelischerseits die lutherisch-katholische Annäherung der letzten Jahrzehnte beruhte. Diese beiden Pfeiler werden jetzt zwar nicht geschleift, aber doch deutlich zur Seite gerückt.

Anstelle von Luther und Barth werden bei allen drei Autoren, wenngleich in unterschiedlicher Weise, zwei andere Theologen maßgebend: Friedrich Schleiermacher, der Kirchenvater des modernen Protestantismus, und Adolf von Harnack, den alle drei gegen die Kritik des Papstes in Schutz nehmen. An der Größe Schleimachers kann kein Zweifel bestehen, und die Bedeutung Harnacks als Historiker ist auch dann unbestreitbar, wenn man nicht alle seine Thesen teilen mag und gegen seine philosophischen Voraussetzungen und seine ausgesprochen antijudaistischen Ansichten Bedenken hat. Auch Barth hat sich vor Schleiermacher immer verneigt, so sehr er ihm als eine Art Negativfolie für die Darlegung seiner eigenen dialektischen Position diente; doch bis zum Ende ist er nicht wirklich mit ihm fertig geworden.

Es ist offensichtlich, dass mit der Berufung auf Schleiermacher und mit der Ehrenrettung von Harnack im gegenwärtigen Protestantismus eine Weichenstellung geschieht, welche für das ökumenische Gespräch von erheblicher Bedeutung ist und welche die ökumenische Gesprächslage und damit die ökumenische Agenda verändert.

Dialektik der Reformation

Die neuere reformatorische Weichenstellung ist, wie man bei Schleiermacher nachlesen kann, nicht ohne Konsequenzen. In dem berühmten Paragraph 24 seiner Glaubenslehre beschreibt er das Verhältnis von Protestantismus und Katholizismus vorläufig so, dass für den Protestanten sein Verhältnis zur Kirche abhängig ist von seinem Verhältnis zu Christus, für den Katholiken umgekehrt sein Verhältnis zu Christus abhängig von seinem Verhältnis zur Kirche[5]. Auf dieser Grundlage kann Bischof Huber die evangelische Kirche als Kirche der Freiheit vorstellen und zusammen mit Graf und Gräb ähnlich wie schon Harnack Individualität, Innerlichkeit, Freiheit, Gewissen zu den entscheidenden Kennzeichen des protestantischen Profils machen, woraus sich wiederum dessen innere Nähe zur aufgeklärten modernen Welt und ihrem Freiheitspathos ergibt.

Schleiermacher selbst war freilich hellsichtig genug, um auch die andere Seite der auf den ersten Blick so glänzend dastehenden neuprotestantischen Medaille zu sehen. Im Zusammenhang seiner Gegenüberstellung von Katholizismus und Protestantismus versäumt er es nämlich nicht, die immanente Gefahr eines sich der individuellen Freiheit verschreibenden Protestantismus beim Namen zu nennen: die Gefahr der Zersplitterung bis hin zur Selbstauflösung. Dieser Aspekt geht bei Bischof Huber und den beiden anderen Autoren unter. Mit Nachdruck stellt Huber das „Ich glaube" des Glaubensbekenntnisses heraus, ohne gleichzeitig zu sagen, dass die ursprüngliche Formel eben nicht „Ich glaube", sondern „Wir glauben" hieß. Der Glaube des je Einzelnen wird also durchaus ernst genommen, er wird aber als persönliches Einstimmen in den Glauben des größeren, die Räume und Zeiten übergreifenden Wir der Glaubensgemeinschaft Kirche verstanden.

Für Luther – wie übrigens auch für Schleiermacher – war dieser Zusammenhang noch klar: Er wollte keine neue Kirche gründen, sondern Lehre und Disziplin der bestehenden Kirche vom Wort Gottes her reformieren. Dieses reformatorische Anliegen wurde erst im 17. und 18. Jahrhunderts als ein fortschreitender reformatorischer Prozess verstanden, und erst in den 50er Jahren des 20. Jahrhunderts wurde es auf die

Formel von der „ecclesia semper reformanda" gebracht. Wenn deshalb Bischof Huber seinen Beitrag programmatisch mit eben diesem Satz schließt, dann schließt er sich nicht Luther, sondern einer späteren Tradition an. Er muss sich dann aber auch der Kritik stellen, die Claus Harms schon im 19. Jahrhundert äußerte, als er meinte, dass man sich mit der Idee einer fortschreitenden Reformation das Christentum aus der Welt hinaus reformieren kann[6]. Damit kann man sich auch aus den biblischen und reformatorischen Grundlagen und aus dem Christentum hinaus reformieren. Bischof Huber hat an anderer Stelle selbst von der Gefahr einer Selbstsäkularisierung der Kirche gesprochen.

Dialektik der Säkularisierung

Die neue ökumenische Agenda stellt uns erneut vor die Frage nach den Grundlagen und Kriterien des ökumenischen Dialogs. Dabei kommen zunächst alte, bislang nicht wirklich gelöste Kontroversfragen wie das Verhältnis von Wort Gottes und Kirche, Schrift und Tradition erneut zum Vorschein. Nur auf diesem Hintergrund kann man den Streit um die Enthellenisierungsdebatte verstehen. Denn in dieser Diskussion geht es um die Frage, wie die Synthese zwischen der biblischen Botschaft und dem hellenistischen Denken zu bewerten und welche Bedeutung sie für uns heute hat.

Für den Theologen Joseph Ratzinger ist diese Bedeutung fundamental. Dabei beruft er sich nicht nur auf einzelne biblische Traditionen wie die alttestamentliche Weisheitsliteratur und deren Weiterwirken im Neuen Testament, etwa in der Logos-Christologie des Johannesevangeliums. Er geht vielmehr viel grundsätzlicher davon aus, dass uns die Bibel als kanonische Schrift allein durch die Vermittlung der Kirchenväter des 3. und 4. Jahrhundert überliefert ist. Die Konstituierung des Kanons und die Konstituierung der frühen Kirche sind für ihn ein und derselbe Prozess[7]. Die grundsätzliche Emanzipation von den Vätern wäre deshalb auch eine Emanzipation von der Bibel und von ihrem Zeugnis, dass in dem historisch betrachtet kontingenten Christusereignis, etwas ein für alle Mal Gültiges in die Geschichte gekommen ist. Wer darum die Christentumsgeschichte in eine Abfolge kontingenter Gestaltwerdungen auflöst, der muss letztlich auch das ein für alle Mal gegebene christologische Fundament des Christentums in Frage stellen.

Luther hat diesen Schritt mitnichten gemacht. Er hat mit der Betonung der Priorität und Souveränität des Evangeliums zwar kritische Aspekte zum katholischen Traditionsverständnis vorgebracht. Trotzdem war für ihn das Zeugnis der alten Kirche, nicht zuletzt das des Augustinus, von großer Bedeutung. Einen Bruch zwischen dem Neuen Testament und der angeblich hellenisierenden nachneutestamentlichen Tradition hat erst Harnack am Ende des 19. und zu Beginn des 20. Jahrhunderts behauptet.

So konnte der damalige Professor Ratzinger in einem noch immer lesenswerten Kommentar zur Konzilskonstitution über die Offenbarung „Dei Verbum" Luthers kritische Position als eine wichtige, bisher noch nicht voll beantwortete Anfrage auch an die Position des Zweiten Vatikanums gelten lassen[8]; als Benedikt XVI. ist er bei der Begegnung in Köln im August 2005 nochmals exakt auf dieses Problem zurückgekommen. Deshalb folgt aus der Enthellenisierungsdebatte, so wie diese sich beim Papst darstellt, nicht eine antiprotestantische Agenda, sondern im Gegenteil eine Einladung zum weiteren Dialog. Eine konsequent antiprotestantische Agenda kann dort nur finden, wer die maßgebliche Gestalt des Protestantismus nicht bei Luther und den Reformatoren ansetzt, sondern in der viel späteren liberalen Tradition, für die Adolf von Harnack steht.

Im Disput mit Harnack stellt sich die Kriteriumsfrage auch noch in einem weiteren Sinn. Es ist die Frage, wie sich die biblische bzw. die kirchliche oder die reformatorische Tradition zur Moderne verhalten. Die neuere protestantische Theologie geht offensichtlich davon aus, dass Luther mit seiner These von der „Freiheit des Christenmenschen" als ein Vorläufer und Fackelträger des neuzeitlichen Freiheitspathos zu gelten hat. Diese These ist jedoch, wie man bei Ernst Troeltsch und sehr differenziert bei Gerhard Ebeling nachlesen kann, zumindest fraglich[9]. Problematisch ist sie auch deshalb, weil seit Max Horkheimer und Theodor W. Adorno die Einsicht in die innere Dialektik der Aufklärung weitgehend Allgemeingut geworden ist[10]. Beweispflichtig ist inzwischen nicht mehr, wer eine solche Dialektik der Aufklärung bzw. der Säkularisierung behauptet, sondern wer meint, sich undialektisch und unkritisch auf die Moderne beziehen zu können.

Genau über diese Frage haben der damalige Kardinal Joseph Ratzinger und der jeder Aufklärungsfeindlichkeit wahrlich unverdächtige Jürgen Habermas im Jahr 2004 in München in der Katholischen Akademie in Bayern unter dem Thema „Dialektik der Säkularisierung" miteinander disputiert[11]. In seiner Regensburger Vorlesung hat der Papst diesen Disput weitergeführt und die erwähnte Dialektik anhand der Geschichte des Enthellenisierungsprogramms nachgezeichnet.

Über die Darstellung der historischen Einzelheiten kann man selbstverständlich diskutieren und Differenzierungen vornehmen. Papst Benedikt XVI. selbst ist freilich – anders als Grab das offensichtlich annimmt – historisch gebildet genug, um zu wissen, dass die Synthese von Jerusalem und Athen von den Kirchenvätern nicht unkritisch, sondern erstaunlich schöpferisch vollzogen wurde. Sie mündete darum keineswegs in eine kompakte, der Geschichte enthobenen Position ein, sondern löste einen fruchtbaren geschichtlichen Prozess aus, der zu unterschiedlichen Positionen sowohl bei den griechischen wie bei den lateinischen Vätern führte; noch im hohen Mittelalter haben Theologen wie Bonaventura und Thomas von Aquin diese Synthese verschieden und teilweise auch gegensätzlich ausgelegt.

Eine Auflösung der patristischen Synthese sieht Benedikt XVI. erst im spätmittelalterlichen Nominalismus angelegt. Philosophisch und für die Neuzeit maßgebend wird die Trennung der beiden Bereiche Glaube und Vernunft dann von Kant vollzogen. Bezeichnend ist der vielzitierte Satz in der Vorrede der „Kritik der reinen Vernunft" (B XXXI), wo Kant sagt, er habe das Wissen aufgehoben, um für den Glauben Patz zu bekommen. Dieser Satz ist im Zusammenhang von Kants Grundanliegen zu verstehen, die Reichweite der Vernunft kritisch auf den Bereich möglicher Erfahrung zu beschränken. Da Gott kein Gegenstand der auf den empirischen Bereich eingeschränkten Vernunft sein kann, hat Kant die Gottesbeweise konsequent einer Kritik unterzogen. Trotzdem hat er am Gottesgedanken festgehalten; er war für ihn ein Postulat der praktischen Vernunft, das heißt ein Postulat, das der Sittlichkeit des Menschen letzte Orientierung zu geben vermag.

Einzelne Vertreter der neuzeitlichen protestantischen Theologie sind auf diesem Weg weitergegangen. Sie konnten damit den Gottesglauben den Einsprüchen der aufgeklärten Vernunft entziehen. Doch um welchen Preis? Der Gottesglauben war damit weltlos und die Welt letztlich gottlos geworden. Genau dieser Vorgang ist mit Säkularisierung gemeint. Denn die Säkularisierung läuft keineswegs notwendig auf die Leugnung Gottes hinaus, sie stellt vielmehr den Versuch dar, den Gottesglauben aus dem öffentlichen Bereich und aus den weltlichen Bereichen von Wissenschaft, Kultur, Politik herauszuhalten und ihn auf den Bereich des Persönlichen, des Privaten und der Innerlichkeit zu beschränken.

Diese Entfremdung von Glauben und Vernunft führt nach Benedikt XVI. zur Dialektik der Säkularisierung. Er sieht zwei Gefahren: Einerseits steht die Religion, wenn sie sich der Vernunft entzieht, in der Gefahr, unvernünftig und gewalttätig zu werden. Dieser Aspekt wurde für ihn in der Auseinandersetzung mit dem Islam, besser: mit dem radikalen fundamentalistischen Islamismus, wichtig. Leider ist auch das Christentum in seiner Geschichte dieser Gefahr nicht immer entgangen. Die andere Gefahr sieht der Papst in der säkularisierten westlichen Zivilisation. Wird nämlich die Vernunft auf den Bereich des empirisch Feststellbaren reduziert, dann bleiben die eigentlich menschlichen Fragen, die Fragen nach dem Woher und Wohin, die Fragen der Religion und des Ethos außen vor; sie werden dann ins rein Subjektive verlagert.

Die Folge der Entfremdung von Glaube und Vernunft sind demnach Pathologien der Religion wie der Vernunft, und beides hat unübersehbare gefährliche gesellschaftliche Folgen. Ein neuer, nicht prae-, sondern postmoderner Dialog zwischen Glaube und Vernunft ist also dringend angesagt!

Plädoyer für einen neuen Dialog

Bereits Papst Johannes Paul II. hat 1980 anlässlich seines ersten Deutschlandbesuchs in einem Vortrag vor Wissenschaftlern und Studenten im Kölner Dom und später erneut in der Enzyklika „Fides et ratio" (1998) für einen neuen Dialog plädiert. Die Vernunft wie der Glauben sind nach der Enzyklika gleichsam die beiden Flügel der Seele: Beide sind nicht nur einem Teilbereich, sondern in jeweils unterschiedlicher Weise dem Ganzen der Wirklichkeit zugeordnet. Darum sind sich beide auch gegenseitig zugeordnet. Denn eine für das Ganze der Wirklichkeit offene Vernunft begegnet von der Sache her zwingend der Wirklichkeit des Glaubens. Umgekehrt kann der Glaube, der sich auf Gott und damit auf den Grund aller Wirklichkeit bezieht – wenn er nicht bloße Vertröstung oder Ideologie sein soll –, innerweltlich nicht folgenlos sein; er muss sich vielmehr dem Gespräch mit der Vernunft und mit der jeweiligen Kultur stellen.

Die These von der Universalität der Vernunft bedeutet zweifellos eine Herausforderung. Denn die Universalität der Vernunft betonen heißt letztlich, die Unverzichtbarkeit der Metaphysik reklamieren, also des philosophischen Denkens, das sich nicht auf einen Bereich eingrenzen lässt, sondern die Frage nach dem Sein insgesamt stellt. Metaphysik ist für viele Moderne oder solche, welche sich dafür halten, geradezu zu einem Schimpfwort geworden. Für sie ist Metaphysik, wie Hegel sarkastisch sagte, „ein Wort, vor dem jeder, mehr oder minder, wie vor einem Pest Behafteten davon läuft."[12]

Auf Kant kann sich eine solche Metaphysik-Phobie nicht berufen. Denn der Königsberger Philosoph war nicht der „Zermalmer der Metaphysik", als der er oft hingestellt wird. Er schrieb vielmehr eine „Metaphysik der Sitten". Er wollte eine Metaphysik grundlegen, die nicht von der „physis", das heißt von der Natur ausgeht und insofern Metaphysik ist, sondern eine Metaphysik, welche von der sittlichen Freiheit ausgeht. Auf diesem Weg sind ihm in unterschiedlicher Weise Fichte, Schelling und auch Hegel gefolgt. Für Barth war diese anthropologische Wende der entscheidende Fehlweg; in der katholischen Theologie dagegen hat kein geringerer als Karl Rahner SJ genau diesen Weg beschritten. Eine Reihe jüngerer katholischer Theologen suchen Rahners Ansatz in kritisch konstruktiver Weise aufzunehmen und weiterzuführen. Sie gehen von der Erfahrung der menschlichen Freiheit aus und suchen so das Gespräch um das Verhältnis von Glaube und Vernunft auf dem Boden neuzeitlichen Denkens[13].

Papst Benedikt XVI. wählt einen anderen Weg, der aber zu einem ähnlichen Ziel führt: Er setzt sich mit einem rein instrumentellen Vernunftverständnis und einem Wissenschaftsverständnis auseinander, das im Rahmen der empirischen Verifizierbarkeit und Falsifizierbarkeit verbleibt[14]. Ohne sich auf die komplizierten Fragen der modernen Wissenschaftstheorien einzulassen, sagt er kurz und bündig, dass die modernen

Wissenschaften, so wichtig sie sind, nicht ausreichen, um dem Menschen die notwendige Orientierung zu geben.

Mit diesem nur knapp vorgetragenen Argument schließt sich der Papst im Grund der Naturrechtslehre an, wie sie sich klassisch bei Thomas von Aquin findet. Denn für Thomas ist es klar, dass man die sittliche Orientierung des Menschen nicht empirisch an der Wirklichkeit der Natur ablesen kann. Es ist die Auszeichnung des Menschen, und es macht seine Würde aus, dass er mit seiner Vernunft die naturhafte Wirklichkeit überragt. Das Naturgesetz ergibt sich darum nicht aus der Natur der Dinge, sondern aus der Natur der Vernunft und aus der ihr einwohnenden Ausrichtung auf die Glückseligkeit als dem letzten Ziel des Menschen. Im Blick auf diese ihre Zielbestimmung muss die Vernunft unterscheiden, was ihr entspricht, das heißt, was gut und was böse ist[15]. Nicht vernunftgemäß zu handeln ist demnach – so kann man die Regensburger Rede zusammenfassen – dem Wesen Gottes wie dem Wesen und der Würde des Menschen zuwider.

Mit dieser an der Würde des Menschen orientierten Sicht verfällt der Papst eben nicht, wie Gräb meint, einem objektiven metaphysischen Realismus; seine Kritik der modernen Vernunft geht – wie Benedikt XVI. ausdrücklich feststellt – nicht hinter die Einsichten der Moderne zurück. Im Gegenteil, er stellt sich konsequent auf den Boden der positiven Verhältnisbestimmung von Kirche und moderner Welt, wie sie das Zweite Vatikanum gegeben hat, und er bejaht das Große, das die Moderne gebracht hat. Er bejaht die Religionsfreiheit und die neuzeitlichen Differenzierungsprozesse, welche zur Unterscheidung von Kirche und Staat wie zur Anerkennung der legitimen Eigenständigkeit der weltlichen Sachbereiche geführt hat[16]. Das strikte Gegenteil zu behaupten, hat mit der Position des Papstes nichts zu tun.

Der Papst versucht demnach, die von ihm grundsätzlich als bleibend wichtig angesehene patristische Synthese in einem neuzeitlichen Kontext zu übersetzen. Aber – und das ist neu – er will bei der neuzeitlichen Abgrenzung der religiösen und des weltlichen Bereichs nicht stehenbleiben; er zielt über die Abgrenzung der beiden Bereiche hinaus und plädiert für einen neuen Dialog von Glauben und Wissen.

Neuer Dialog in einer postsäkularen Situation

In dem Münchener Disput zwischen dem damaligen Kardinal Joseph Ratzinger und Jürgen Habermas wurde andeutungsweise klar, wie dieser neue Dialog geschehen soll. Habermas hat – von ganz anderen geistigen Voraussetzungen ausgehend als Kardinal Ratzinger – gezeigt, dass die säkularistische Position, das religiöse Wissen aus dem öffentlichen und wissenschaftlichen Diskurs auszuschließen, unvernünftig ist. Denn die Religionen verfügen, so seine These, über Einsichten und sprachliche Potentiale zur Deutung der Wirklichkeit, die sich in weltliche Sprache übersetzen und so fruchtbar machen lassen[17]. Habermas hat deshalb von einer postsäkularen Situation gesprochen[18].

Kardinal Ratzinger hat die neue Situation auf seine Weise aufgegriffen. Er stellte die geschichtlichen Brüche heraus, in welchen die bisherigen abendländischen Selbstverständlichkeiten zerbrochen sind und anerkannte die Aporien, die sich im gegenwärtigen kulturellen Pluralismus auftun, wenn man nach einem allgemein verbindlichen Naturrecht fragt. Konsequent stellte er fest, dass dieses Instrument heute leider stumpf geworden ist[19]. Eine solche Einsicht in die Grenzen bedeutet nicht Einsicht in die Unmöglichkeit naturrechtlichen Denkens. In seiner Ansprache im Konzentrations- und Vernichtungslager Auschwitz-Birkenau am 28. Mai 2006 hat Papst Benedikt XVI. das Problem in Frageform und ohne eine direkte Antwort zu geben nochmals zugespitzt. Er fragte: „Wo war Gott in jenen Tagen? Warum hat er geschwiegen?" Er machte darauf aufmerksam, dass sich angesichts des ungeheuerlichen Verbrechens und des unsäglichen Leidens an diesem Ort die Theodizeefrage in geradezu dramatischer Weise stellt; an diesem Ort ist jeder Versuch einer simplen Synthese von Glaube und Vernunft ganz und gar unmöglich[20].

Der Papst hält also grundsätzlich an der bleibenden Bedeutung der patristischen und hochscholastischen Synthese fest, er verkennt nicht die Grenzen der traditionellen Argumentationsmuster. Sein Denken zielt – auf der traditionellen Grundlage – auf eine neue kritische Verhältnisbestimmung von Vernunft und Glaube. Seine Antwort lautet: Glaube und Vernunft sind korrelativ aufeinander bezogen und „zur gegenseitigen Reinigung und Heilung berufen"[21]. Das klingt ganz und gar nicht nach autoritär-hierarchischen Eingriffen in das ureigene Geschäft der weltlichen Wissenschaften und der Politik, sondern kommt vielmehr der sonst gern als prophetisch-kritisch bezeichneten evangelischen Position ein gutes Stück entgegen.

Die Regensburger Vorlesung ist demnach nicht nur die Aufforderung an die Wissenschaften, sich dem Ganzen der Wirklichkeit zu öffnen. Sie ist ebenso eine Aufforderung an die Theologie – ohne einer die Substanz des Glaubens aufzehrenden modernistischen Dialektik zu verfallen –, sich mit christlichem Freimut in den Dialog mit der säkularisierten westlichen Kultur einzubringen. Diese Aufgabe ist heute der katholischen wie der evangelischen Kirche gestellt. Sie können dieser Aufgabe nur gemeinsam gerecht werden. Dass die evangelische Theologie dabei ihre eigene kritische Position einbringt, ist selbstverständlich. Doch einen Rückfall in alte Grabenkämpfe und in überholte Kulturkampfparolen können wir uns in dieser Situation weder wünschen noch leisten. Weder antiprotestantische noch antikatholische Agenden helfen weiter; an einem verständnisvollen Dialog führt kein Weg vorbei. Gemeinsam müssen wir Rechenschaft geben von der Hoffnung, die in uns ist (1Petr 3, 15).

Anmerkungen

[1] Endgültige Fassung: Benedikt XVI., *Glaube und Vernunft. Die Regensburger Vorlesung.* Kommentiert von G. Schwan, A. Th. Khoury und K. Kardinal Lehmann, Freiburg 2006.

[2] W. Huber, *Glaube und Vernunft*, siehe in diesem Band, 57–70.

[3] F. W. Graf, *Eine Wissenschaft, die sich für das Ganze zuständig weiß*, in: SZ, 6. 12. 2006, 16.

[4] W. Gräb, *Selbst denken nicht möglich*, in: Zeitzeichen 7 (2006) 53–55.

[5] F. Schleiermacher, *Der christliche Glaube*, Bd. 1, Berlin 1960, 137.

[6] Vgl. Th. Mahlmann, Art. *Reformation*, in: HWbPh 8 (1992) 420 f.

[7] Vgl. J. Ratzinger, *Die Bedeutung der Kirchenväter für die gegenwärtige Theologie*, in: ThQ 148 (1968) 257–282, 277.

[8] Vgl. den *Kommentar zur Offenbarungskonstitution „Dei Verbum"*, in: LThK.E, Bd. 2, 504–515.

[9] Vgl. E. Troeltsch, *Luther, der Protestantismus und die moderne Welt*, in: ders., *Gesammelte Schriften*, Bd. 4, Tübingen 1925, 202–254; G. Ebeling, *Der kontroverse Grund der Freiheit*, in: Lutherstudien, Bd. 3, Tübingen 1985, 366–394.

[10] Vgl. M. Horkheimer – Th. W. Adorno, *Dialektik der Aufklärung*, Frankfurt 1969.

[11] J. Habermas – J. Ratzinger, *Dialektik der Säkularisierung. Über Vernunft und Religion*, Freiburg 2005.

[12] G. W. F. Hegel, *Wer denkt abstrakt?* in: ders., *Sämtliche Werke*, Bd. 20, Stuttgart 1958, 445.

[13] Charakteristisch dafür ist der Beitrag von M. Striet, *Benedikt XVI., die Moderne und der Glaube. Anmerkungen zur Regensburger Vorlesung des Papstes*, in diesem Band, 85–98.

[14] Vgl. dazu G. Schwan, in: Benedikt XVI. (A. 1).

[15] Vgl. *Summa theologiae* I/II q. 90 a.1; q. 91 a.2.

[16] Vgl. GS 36, 41, 56 und 76 sowie DH; vgl. J. Ratzinger, *Kirche, Ökumene und Politik*, Einsiedeln 1987; ders., *Glaube – Wahrheit – Toleranz. Das Christentum und die Weltreligionen*, Freiburg 2003.

[17] Habermas – Ratzinger (A. 11) 34–36; vgl. J. Habermas, *Glauben und Wissen*, Frankfurt 2001.

[18] Habermas – Ratzinger (A. 11) 33; vgl. J. Habermas, *Zwischen Naturalismus und Religion. Philosophische Aufsätze*, Frankfurt 2005, bes. 116–118.

[19] Habermas – Ratzinger (A. 11) 50.

[20] Vgl. Benedikt XVI., *Wo war Gott? Die Rede in Auschwitz*, Freiburg 2006.

[21] Ebd. 54 f.; vgl. 57.

Benedikt XVI., die Moderne und der Glaube

Anmerkungen zur Regensburger Vorlesung des Papstes

von Magnus Striet

1. Gewalt als Religionsproblem

Die Regensburger Universitätsrede von Benedikt XVI. hat zunächst zu massiven Verstimmungen in der islamischen Welt geführt.[1] Über das diplomatische Geschick dieser Rede kann man streiten. Die gegenwärtig politisch brisante Lage darf aber nicht dazu führen, dass im interreligiösen Dialog Fragen totgeschwiegen werden. Dies gilt auch für das Verhältnis von Glaube und Vernunft. Sind religiöse Vorstellungen nicht kompatibel mit einem ethisch sensiblen Vernunftprinzip, das seinen Fixpunkt in der allgemeinen Anerkennung der Menschenwürde hat, so drohen Willkür und Gewalt. Die Synthese von Vernunft und Moralität muss deshalb auch in Gott vorausgesetzt werden können, soll Religion nicht zu einer in Gewalt eskalierenden Gefahr werden. Der Name Gott birgt historisch unübersehbar ein Aggressionspotenzial. Deshalb darf man dankbar dafür sein, dass Benedikt XVI. in der allgemeinen Erregung nach seiner Regensburger Vorlesung sich zwar um ausgleichende Klarstellungen bemüht hat, eindringlich zum Dialog einlud, aber nichts an seiner Grundüberzeugung korrigiert hat, dass Religion vernunftgeleitet zu sein hat. Mit einer falschen Irenik im interreligiösen Dialog ist niemandem gedient. Denn Vernunftwillkür in Sachen Religion bedeutet nichts anderes als Fundamentalismus und öffnet dem Terror Tür und Tor. Die europäische Christenheit hat dies häufig genug, zumal in der Zeit der Religionskriege, bitter erfahren müssen. Erst durch die aufgezwungene Entflechtung von Religion und Staat konnte das religiöse Gewaltpotenzial beruhigt werden.[2] Für die Bevölkerung Europas bedeutete diese Form von Säkularisierung eine große Gnade.

Wenn nun der Papst die Synthese von Glaube und Vernunft anmahnt, in diesem Zusammenhang auch andere Religionen auf allgemein kommunizierbare Vernunftprinzipien verpflichtet und damit auch dem Recht auf freie Religionsausübung das Wort redet, so adaptiert er damit faktisch zumindest einen Teil des europäischen Aufklärungserbes. Die Verwandtschaftsverhältnisse sind ja auch nicht zu unterschätzen. Die neuzeitliche Anerkennung egalitärer freiheitlicher Grundrechte hat eine ihrer Wurzeln im biblischen Menschenrechtsethos. Religiöse Wahrheitsansprüche finden ihre Schranke an den Individualrechten. Das Zweite Vatikanische Konzil hat in seiner Erklärung über die Religionsfreiheit, gleicht man diese mit früheren ab, eine einschneidende Wende vorgenommen. Auch die anstehenden interreligiösen Gespräche haben sich von diesem Grundsatz leiten zu lassen. Damit droht kein Relativismus, sondern wird nur die Einsicht vollzogen, dass die Wahrheit in der freien Anerkennung durch den Menschen ihr Recht erlangen will. Die brisante Frage im Dialog mit islamischen Gesellschaften und Vorstellungen lautet freilich, ob man sich auf diese Prinzipien verständigen kann, mithin auf Prinzipien, die denen demokratischer Zivilgesellschaften entsprechen und die die Trennung von Religion und Staat voraussetzen, die aber im Islam gerade schwierig ist.

2. Glaube und Vernunft – ein Generalthema Benedikts XVI.

Der Islam war aber nur ein Thema der Regensburger Rede. Bis auf wenige Ausnahmen aus dem protestantischen Raum wurde die Regensburger Rede des Papstes theologisch kaum diskutiert. Dies verwundert. Offensichtlich wollte Benedikt XVI.

mit seiner Rede keineswegs für das immer dringlicher werdende interreligiöse Gespräch mit dem Islam einen Impuls geben. Ihr übergeordnetes Thema ist die Synthese von Glaube und Vernunft, und zwar zunächst einmal bezogen auf die abendländische Geistesgeschichte.

Die Rede ist eine der vielen Varianten des einen Themas, das die gesamte Lebensgeschichte Joseph Ratzingers begleitet. Immer wieder im Blick ist eine Vernunft, die sich aus ihrer metaphysischen Weite verabschiedet, sich bestenfalls auf die praktische Vernunft konzentriert oder sich gar auf das technisch Machbare reduziert. Einer solchen eng geführten Vernunft kommt nicht nur die Gottesfrage als Menschheitsthema abhanden. Sie droht pathologisch, menschenverachtend zu werden. Deshalb ist es nicht nur „dem Wesen Gottes zuwider", „nicht vernunftgemäß zu handeln"[3], sondern es ist auch dem Wesen der menschlichen Vernunft zuwider, sich gegenüber dem Göttlichen taub zu stellen. Die Entgleisungen einer säkular gewordenen Moderne haben Benedikt XVI. zufolge hier ihre Wurzel. Eine um jeden Preis an der allgemeinen Menschenwürde festhaltende Ethik *etsi deus non daretur* scheint undenkbar.

Geistesgeschichtlich aufschlussreich, vor allem aber eminent wichtig für das in Europa so dringliche Gespräch zwischen Glaube und nachmetaphysischem Denken ist, wie in dieser Rede die Genese von Neuzeit und Moderne aus einer Fehlentwicklung der Theologie rekonstruiert wird. Pointiert formuliert: Das europäische Desaster beginnt demnach in dem Moment, da die Synthese von Christlichem und Griechischem sich aufzulösen beginnt. Dass auch die christliche Theologiegeschichte keineswegs glatt verlaufen ist, wird in der Regensburger Rede „der Redlichkeit halber" mit Blick auf den Islam zugestanden. Auch „im Spätmittelalter" Europas hätten sich „Tendenzen der Theologie entwickelt", die diese „Synthese von Griechischem und Christlichem" aufgesprengt hätten[4].

Was als theologische Quisquilie erscheinen mag, macht in Wahrheit eine der spannendsten Debatten aus, die bis heute nicht wirklich ausgetragen ist und erhebliche Konsequenzen nicht nur für die Theologie, sondern auch für das Verständnis des Menschen und für eine theologische Interpretation der säkularisierten westlichen Welt hat. Beginnend mit Duns Scotus (1266–1308) nämlich, so Benedikt XVI., seien theologische Positionen etabliert worden, die – analog zu Ansichten im Islam – „auf das Bild eines Willkür-Gottes zulaufen könnten, der auch nicht an die Wahrheit und das Gute gebunden ist". Und weiter: „Die Transzendenz und die Andersheit Gottes werden so weit übersteigert, dass auch unsere Vernunft, unser Sinn für das Wahre und Gute kein wirklicher Spiegel Gottes mehr sind, dessen abgründige Möglichkeiten hinter seinen tatsächlichen Entscheiden für uns ewig unzugänglich bleiben."[5] Es ist die Unterscheidung zwischen potentia ordinata und potentia absoluta, auf die Benedikt XVI. hier anspielt, eine Unterscheidung, die sich freilich deshalb – ohne damit Verzerrungen verschweigen zu müssen – im nominalistischen Denken schließlich durchgesetzt wird, um die vollkommene Unverfügbarkeit der Freiheit Gottes denkbar zu machen. Es war der Glaube an die Allmacht Gottes, der die philosophischen Debatten vorantrieb. Gott sollte durch keine Notwendigkeit bestimmt sein, weder in seinem Schöpfungshandeln noch in seinem auf die Menschheit bezogenen, bleibend freien Heilshandeln. Und bereits alttestamentlich insistiert ja auch der berühmte Gottesname in Ex 3,14 darauf, dass Gott in seiner Freiheit unverfügbar ist.[6] Gott ist zwar treu, so der Glaube, damit aber ist er nicht unfrei. Allmacht ist eben nur unter der Voraussetzung einer ausschließlich auf sich selbst bezogenen Freiheit zu denken. Aber wie sind die geglaubte Treue und Verlässlichkeit dann noch zu sichern? Wirklich durch einen Vernunftschluss?[7]

Ist Gott nicht nur ursprünglich, sondern als bleibend frei zu denken, so wird Gott der menschlichen Vernunft in der Tat abgründig. Sie wird, soll sie vertrauend auf Gott setzen können, abhängig von seinen Selbstbekundungen, von seinem Offenbarungshandeln. Aus sich selbst heraus aber kann sie die Vernünftigkeit Gottes im Sinne vollkommener Güte dann nicht mehr absichern, da sie dann die Freiheit Gottes bestreiten würde. Freiheit ist ohne das formale Moment der Selbstbestimmbarkeit durch sich selbst nicht zu denken. Deshalb kann es auch in einem als frei gedachten Gott keine Notwendigkeit zum Guten geben. Diese Abgründigkeit des Freiheitswesens existiert in Analogie zu allen menschlichen Freiheitsverhältnissen, die in Vertrauen gründen. Spätestens wenn angesichts unsäglichen Elends und bestialischer menschlicher Grausamkeit die so bedrückende Frage der Theodizee gestellt wird, wenn unnachgiebig danach gefragt wird „Wo war Gott?" – so Benedikt XVI. bei seinem Besuch in Auschwitz –, beginnt diese Frage zu brennen und lässt fragen, ob es nicht doch dunkle Seiten in Gott selbst gibt. Existiert vielleicht doch ein Rest von Willkür in Gott, der in seiner potentia absoluta gründet? Ist Gott vielleicht gar nicht so unbedingt gut, wie die mit ihm gut meinende Vernunft unterstellt? Auch die gottvertrauende Vernunft beunruhigt sich hier, zweifelt, greift zur Klage, selbst wenn sie nicht bereit ist, den Glauben an die Güte Gott preiszugeben. Andere überwältigt die Erfahrung seines Nichteingreifens, sie verzweifeln am überlieferten Glauben an den gütigen und gerechten Gott. Nicht einmal dort, wo die menschliche Freiheit sich boshaft ausagiert, greift er ein. Wo bleibt seine Güte?

Der 1996 verstorbene Philosoph Hans Blumenberg hat in einem anderen Kontext von der humanen Selbstbehauptung gegenüber einem solchen Willkürgott gesprochen.[8] Der Gottesverlust der Neuzeit hat ganz wesentlich mit einem Verzweifeln an der Theodizeefrage zu tun. Lieber schafft man Gott ab, als mit der Willkür eines Gottes rechnen zu müssen, der scheinbar gnadenlos über das Elend des Menschen hinwegsieht. Denn in und trotz seiner potentia absoluta verweigert sich Gott ganz offensichtlich, dem Leiden ein Ende zu bereiten. Nicht zu handeln hingegen ist Betätigung der potentia absoluta, Freiheitsausdruck. Gott allerdings nicht zu vermissen, ihm erst gar kein Handeln aus Freiheit zuzutrauen, verlässt den Boden des Glaubens an die Geschichtsmächtigkeit Gottes. Wie lösen gerade die, die Gott in seiner Freiheit Ernst nehmen, das Problem seines Vermissens? Wer das biblische Gotteszeugnis Ernst nimmt, wird unweigerlich in die Frage provoziert, ob es nicht für Gott besser sein könnte, gar nicht zu existieren. Aber das ist nicht Menschenentscheid. Die stillschweigende Verabschiedung Gottes, für die es unzählige Zeugnisse in der Literatur bis heute gibt, lässt sich durchaus als Akt humaner Selbstbehauptung ausdeuten. Dem Leiden ist menschlich kein Ende zu setzen; hier sind nur die begrenzten menschlichen Möglichkeiten auszuschöpfen. Aber der Verdopplung des Leidens, dass man nicht nur am Leiden leidet, sondern zudem an einem Gott leidet, der dem Leiden kein Ende setzt, kann man den Rücken kehren. Auch wenn denen, die human bleiben wollen, die Melancholie nicht erspart bleibt.

4. Nominalistische Freiheitsimpulse

Ob die Verabschiedung Gottes die einzige mögliche Reaktion auf den nominalistischen Gott ist, bleibt zu diskutieren. Für die Genese der Neuzeit war diese biblisch erzwungene Unterscheidung im Gottesbegriff von immenser anthropologischer Bedeutung. Begrifflich ernst gemacht wird hier mit einem zentralen Aspekt des Begriffs der Freiheit. Freiheit wird hier nicht mehr nur als Freiheit zum Guten gedacht, sondern als

Fähigkeit eines Wesens, sich durch sich selbst zu bestimmen und in eins damit sich zu allem Möglichen, auch zur Differenz von Gut und Böse, verhalten zu können. Allerdings war es nicht nur die Entdeckung des Wesens der Freiheit, die bisherige Selbstverständlichkeiten umstürzte. In eins damit beginnt der Glaube an die Möglichkeiten philosophischer Vernunft sich zu begrenzen. Descartes zweifelt zwar radikal, in der Durchführung des methodischen Zweifels an allem rettet er aber noch sowohl die Gewissheit des Ichs als auch die Existenz Gottes. Kant hingegen vergewissert zwar die Realität der Freiheit über das Faktum, das wir uns moralisch bestimmen sollen; die Gewissheit der Existenz Gottes freilich entschwindet dem theoretischen Beweisvermögen. Gott wird zu einer problematischen Idee der theoretischen Vernunft.

Für Benedikt XVI. liegt hier der Grund, warum der Mensch sich immer stärker verdiesseitigt. Die Ebene des objektiv Wahren werde nicht mehr erreicht. Kant wird von Benedikt XVI. die Aussage unterstellt, „er habe das Denken beiseiteschaffen müssen, um dem Glauben Platz zu machen"[9]; die Synthese von Vernunft und Glaube zerbricht mit weit reichenden Konsequenzen. Bei Adolf von Harnack sei vom Glauben nur noch ein Humanitätsideal geblieben, nicht aber mehr der Glaube an die Gottheit Christi. Das Geschäft der Wissenschaft werde nun eingegrenzt auf die reine Wissenschaft der Mathematik und der Erforschung des empirisch Zugänglichen. Der Mensch aber werde darüber „verkürzt" und gefährdet: „Denn die eigentlich menschlichen Fragen, die nach unserem Woher und Wohin, die Fragen der Religion und des Ethos können dann nicht mehr im Raum der gemeinsamen, von der so verstandenen ‚Wissenschaft' umschriebenen Vernunft Platz finden und müssen ins Subjektive verlagert werden. Das Subjekt entscheidet mit seinen Erfahrungen, was ihm religiös tragbar erscheint, und das subjektive ‚Gewissen' wird zur letztlich einzigen ethischen Instanz."[10] Den entscheidenden Schritt für diese Entwicklung erkennt Benedikt XVI. darin, dass die in seiner Sicht bereits neutestamentlich geglückte Synthese von Glaube und griechischem Denken aufgegeben wurde. Gott wird wieder in eine der menschlichen Vernunft unzugängliche Transzendenz entrückt. Ist Gott aber nicht aus menschlicher Vernunft erkennbar, weiß sich der Mensch nicht mehr in einem Gott verankert, der das Einssein von Vernunft und Güte ist, so setzt er sich selbst an die Stelle Gottes.

5. Glaube und praktische Vernunft

Aus dieser Perspektive muss nicht nur die Verengung des Wissenschaftsbegriffs kritisiert, sondern auch das Projekt einer autonomen Moral als haltlos und nicht durchzuführen zurückgewiesen werden. Entweder der Mensch bindet sich an Gott oder aber er verweigert sich unbedingter Ansprüche, die deshalb solche des Guten sind, weil sie Ansprüche des schlechthin Guten sind. Eindringlich warnt Benedikt XVI. deshalb vor allen Enthellenisierungsprogrammen des Glaubens, so wie er den Menschen davor warnt, sich aus seinem Transzendenzbezug zu lösen. Nur wenn „Vernunft und Glaube auf neue Weise zueinander finden", wenn „die selbst verfügte Beschränkung der Vernunft auf das im Experiment Falsifizierbare" überwunden und „der Vernunft ihre ganze Weite wieder"[11] eröffnet werde, nur dann könne der Mensch vor den Risiken seiner Freiheit geschützt werden. Pathologien also auf beiden Seiten, auf der Seite der Vernunft als auch auf der Seite der Religion. Wie schon vor dem Pontifikat immer wieder betont, etwa in dem berühmten Gespräch mit Jürgen Habermas in der Münchener Akademie, bedarf es der gegenseitigen „Reinigung und Heilung"[12]. Ordnet man die Regensburger Rede des Papstes so ein, enthält sie nichts wesentlich Neues. Sie appliziert auf den Islam, was zuvor und auch jetzt wieder vor allem auf den säkularen Westen und ein Christentum gesagt wurde, was wie jede andere Religion auch stets in der Gefahr steht, sich aus der Vernunft zu verabschieden und darüber inhuman zu werden. Die katholische Kirche ist nicht frei von diesen pathologischen Gefahren, wie Johannes Paul II. in seinen Vergebungsbitten an das jüdische Volk beeindruckend zum Ausdruck brachte.

Die Regensburger Rede war programmatisch, als Universitätsrede ist sie aber notwendig auch auf Dialog hin orientiert. Fragt man nach ihrer Bedeutung für die Gesellschaften, die bis heute von den europäischen Aufklärungsprozessen bestimmt sind, so bleiben jedoch Fragen. Im Münchener Akademiegespräch mit Habermas hat der damalige Präfekt der Glaubenskongregation selbst eingestanden, dass das Naturrecht „leider stumpf geworden" sei.[13] Offensichtlich hegt auch er kaum Hoffnungen, dass jedenfalls im Rahmen einer öffentlichen Vernunft die abgelaufenen historischen Prozesse revidierbar sein könnten. Sie sind es auch aus philosophischen Gründen nicht.

6. Erhofft ja – aber existent?

Die „metaphysische Obdachlosigkeit" (Theodor W. Adorno), die zur Signatur weiter Strömungen des 20. Jahrhunderts wurde, hat zunächst eine starke Wurzel im bereits erinnerten Vermissen Gottes. Gott wird über abgründige Leidenserfahrungen heimatlos, büßt darüber seine Plausibilität ein. Nicht Willkür herrscht in dieser Loslösung aus jüdisch-christlichen Glaubenserfahrungen, sondern ein abgrundtiefes Erschrecken über die Heillosigkeit der Welt. Diese Entplausibilisierung Gottes koaliert mit einer philosophischen Problematisierung des Gottesgedankens, für die in der Tat der Name Kant steht. Kant kennt zwar unabweisbare Fragen, die in ihrer Konsequenz notwendig die Frage nach Gott aufwerfen lassen. Gerade das moralisch sensible Subjekt wird die Hoffnung, die der Begriff eines Gottes enthält, der sich in seiner Allmacht auch noch auf die Gemordeten und durch das Leben Erniedrigten und Dahingerafften beziehen will, der rettet und versöhnt, nicht leichtfertig fahren lassen. Kant hat deshalb ja auch erklärt, dass Gott notwendig von einer Vernunft zu postulieren sei, die sich auf moralische Maßstäbe verpflichtet. Aber: Sie postuliert die Existenz eines rettenden Gottes, ohne diesen beweisen zu können. Und sie identifiziert diesen Gott mit dem Gott, den sie erahnt angesichts des „bestirnten Himmels" über ihr.[14] Aber es bleibt eine Setzung, für die es hinreichende Gründe gibt, ohne dass im strengen Sinne etwas bewiesen werden könnte. Das Bedürfnis nach Gott garantiert dessen Existenz so wenig, „wie die Qual der Verhungernden die Speise"[15]. In einer Welt, in der aus Einsicht in die Begrenztheit menschlicher Vernunft Metaphysik zwar die „blaue Blume" der Philosophie ist, aber die gesuchte Wissenschaft bleibt[16], zeigt sich erst die ganze Dramatik von Pascals Wette auf den Gott Abrahams, Isaaks und Jakobs, von dem Christinnen und Christen glauben, er sei im Fleisch des Menschen Jesus als er selbst da gewesen. Aber so lange in der Instanz der Philosophie die Nicht-Existenz des freien Gottes nicht beweisbar ist – und dies hat Kant in der Antinomie der Welt auch gezeigt – so kann geglaubt werden: Jedenfalls dann, wenn geschichtliche Erfahrung als Selbstbekundung des freien Gott identifiziert werden kann.

7. Nochmals: Zur Synthese von Glaube und Vernunft

Rekonstruiert man den Begriff menschlicher Freiheit, wie er erstmals bei Kant reflektiert wird, aus den nominalistischen Traditionen, so zeigt sich noch etwas anderes. Die sich hier reflektierende Freiheit ist keineswegs eine sich von allen ethischen Maßstäben distanzierende Freiheit, die einer reinen Willkürfreiheit. Für die Formulierung des europäischen Menschenrechtsethos, wie es sich bis in die UN-Menschenrechtscharta bis heute widerspiegelt, haben Kants kategorische Imperative, die in ihrer Substanz nichts anderes als das biblische Ethos enthalten, entscheidende Bedeutung.

Vor allem aber findet sich (zumindest anfänglich durchformuliert) bei ihm die Einsicht, dass wahre Moralität nur um ihrer selbst willen geschieht, nicht aus einem heteronomen Grund heraus – hieße dieser auch Gott. Freiheit in ihrer grundlegenden Bedeutung als Selbstbestimmbarkeit durch sich selbst wird hier nicht zufällig zum höchsten Prinzip erhoben, sondern deshalb, weil an diesem Begriff die Idee des Menschseins hängt. Auch in Fragen der Religionsfreiheit gilt dies. Unbeschadet der Verpflichtung des Menschen, die Wahrheit zu suchen, eine Verpflichtung, die ja auch nur aufgrund seines Freiheitswesens und der damit gegebenen Zuordnung von Freiheit und Wahrheit existiert, hat die Freiheit deshalb sogar dann noch ein Recht, wenn sie sich irrt.

Diese Inanspruchnahme des zentralen Prinzips der neuzeitlichen Selbstverständigung des Menschen, dem der Freiheit, schließt sich einer Unterscheidung an, die theologisch im Nominalismus vorbereitet wurde: der von potentia ordinata und absoluta. Es bleibt natürlich beunruhigend, von Gott so radikal als Freiheit denken zu sollen, dass alle Aussagen über ihn ausschließlich an seine Selbstbekundungen zurückgebunden werden – anders formuliert: dass sie ausschließlich im Glauben an seine endgültig offenbar gewordene Treue gründen. Aber auch die biblischen Identitätsaussagen Gottes reflektieren auf gläubig ausgedeuteten Erfahrungen, die ein Handeln Gottes voraussetzen und dann auf dieser Basis Rückschlüsse auf Gott selbst riskieren. Verstehbar wird so auch, warum es überhaupt geschichtlicher Offenbarung bedarf. Konzipiert man die Synthese von Vernunft und Glaube griechisch, ist die menschliche Vernunft bereits aus sich selbst heraus dazu in der Lage, das Gutsein Gottes zu beweisen, so bleibt für den Grund von Gottes geschichtlichem Handeln nur die ursprüngliche Sünde, die geschichtlich kompensiert wird, indem

Gott die Vernunft in geschichtlicher Begegnung mit ihm erneut reinigt und heiligt. Aber vielleicht kann die Synthese in einer viel grundsätzlicheren Weise nur dann gelingen, wenn Gott sich geschichtlich erweist, damit der Glaube deshalb möglich wird, weil er sich aus seiner vollkommenen Freiheit heraus zum Exegeten seiner Entschiedenheit für den Menschen gemacht hat. Setzt man theologisch so an, so kommt ein Gott in den Blick, der sich in zutiefst kontingenter Weise auf seine Schöpfung bezieht, der so und nicht anders, nämlich in einer wahrhaft menschlichen Gestalt, sein unbedingtes Ja zum Menschen sagt. Immer wieder neu hat es und gibt es in der Geschichte der Theologie Versuche, dieses denken und damit glauben zu können. In seiner Bonner Antrittsvorlesung als Theologieprofessor im Jahre 1959 hat Joseph Ratzinger formuliert, dass „die Aneignung des philosophischen Gottesbegriffs durch die Apologeten und durch die Väter zweifellos legitim, ja wesensnotwendig gewesen" sei. Aber es sei eben auch „nicht zu bestreiten, dass diese Aneignung nicht immer kritisch genug erfolgte".[17] Letztendlich geht es um die Freiheit Gottes, seine Geschichtsmächtigkeit und damit Kontingenzfähigkeit, die Ratzinger damals zu dieser Vermutung veranlasst hat. Auch die zu leistende Synthese von Vernunft und Glaube muss sich dann aber vom Freiheitsprinzip leiten lassen. Wie Benedikt XVI. in seiner Regensburger Rede andeutet, kann das griechische Denken nur kritisch angeeignet werden, soll darüber der Glaube nicht verfälscht werden. Man kann die angedeuteten Debatten als theologische Spitzfindigkeiten abwiegeln. Sie spiegeln aber innertheologisch wieder, was Benedikt XVI. in Regensburg so eindringlich für den interreligiösen Dialog und den Islam eingefordert hat. Immer wieder neu muss es darum gehen, Glaube und Vernunft in eine Synthese zu bringen. Dabei bleibt aber der Glaube ein Glaube, wie der Papst in seiner Auschwitz-Rede vermerkt hat. Seine Wahrheit bleibt insofern strittig, als sie zwar denkmöglich und damit als vernünftig ausweisbar ist, nicht aber im strengen Sinn bewiesen werden kann. Bleibt er somit im interreligiösen Dialog eine wirkliche Perspektive, die ihre Attraktivität vor allem aus seiner humanisierenden Kraft beziehen könnte, so auch für den durch die Säkularisierungsprozesse gegangenen Westen. Er muss nicht zum Kulturgut verkommen, sondern kann existenzbestimmend und gesellschaftsverändernd wirken, weil in ihm die Synthese von Vernunft und Glaube gelingt: Worauf der Mensch sich sehnend erstreckt, behauptet der Glaube als zugesagt: Gottes unbedingtes Ja zum Menschen, das auch vorab von Schuld und Sünde ausgesagt sein will. Das Problem der Theodizee bleibt zwar auch dann noch abgründig, aber es lässt sich spirituell offen halten angesichts eines Gottes, der selbst unsäglich gelitten hat. Selbst wenn die klassischen Synthesen von Glaube und griechischer Philosophie so nicht mehr erneuert werden sollten, weil dies aus philosophischen Gründen nicht möglich ist, bleibt ein solcher Logos des Glaubens auch in einer säkularisierten Welt und damit an staatlichen Universitäten vertretbar.

Anmerkungen

[1] Der hier abgedruckte Beitrag wurde nur geringfügig erweitert und mit einigen wenigen Anmerkungen versehen. Die Rede wird zitiert nach Benedikt XVI., *Glaube, Vernunft und Universität. Erinnerungen und Reflexionen*, in: ders., *Glaube und Vernunft. Die Regensburger Rede.* Vollständige Ausgabe. Kommentiert von Gesine Schwan, Adel Theodor Khoury und Karl Kardinal Lehmann, Freiburg u.a. 2006, 11–32.

[2] Vgl. E.-W. Böckenförde, *Umstrittene Toleranz: Zur Leidensgeschichte der christlichen Kirchen*, in: Thomas Brose (Hg.), *Umstrittenes Christentum*, Berlin 2002, 36–53.

[3] Benedikt XVI., *Glaube, Vernunft und Universalität*, 16f.

[4] Ebd., 20.

[5] Ebd., 21.

[6] Vgl. H. Irsigler, *Von der Namensfrage zum Gottesverständnis. Exodus 3,13–15 im Kontext der Glaubensgeschichte Israels*: BN 96 (1999) 56–96.

[7] In einer instruktiven Studie zeigt D. Perler, *Zweifel und Gewissheit.*

Skeptische Debatten im Mittelalter (Philosophische Abhandlungen; 92), Frankfurt 2006, wie es immer wieder das Problem der Allmacht Gottes war, das die Frage nach der Gewissheit von Wahrheitsansprüchen in Frage gestellt hat. Es ist die als Freiheit gedachte Allmacht Gottes, die in diese Unsicherheit hineintreibt. Zur potentia Dei-Lehre bei Wilhelm von Ockham vgl. H. Schröcker, *Das Verhältnis der Allmacht Gottes zum Kontradiktionsprinzip nach Wilhelm von Ockham* (= Veröffentlichungen des Grabmann-Institutes; 49), Berlin 2003.

[8] H. Blumenberg, *Die Legitimität der Neuzeit*, Frankfurt 1966, 173: „Wissenschaft entsteht, wenn der Mensch darauf verzichten muß, aus dem, was ihm zu seinem Dasein notwendig ist, als solchem schon glücklich sein zu wollen."

[9] Benedikt XVI., *Glaube, Vernunft und Universität*, 24.

[10] Ebd., 27.

[11] Ebd., 29f.

[12] Joseph Ratzinger, *Was die Welt zusammenhält. Vorpolitische Grundlagen eines freiheitlichen Staates*, in: Jürgen Habermas/Joseph Ratzinger, *Dialektik der Säkularisierung*. Über Vernunft und Religion. Hg. von Florian Schuler, Freiburg u.a. 2005, 39–60, 50.

[13] Ebd., 50. Vgl. aber auch Benedikt XVI., *An die Teilnehmer an dem von der Päpstlichen Lateranuniversität veranstalteten Internationalen Kongress über das natürliche Sittengesetz* (= www.vatican.va).

[14] I. Kant, *Kritik der praktischen Vernunft* A 289. Vgl. auch KrV B 839, wo es heißt, dass nur unter der Voraussetzung einer höchsten Vernunft (d.i. Gott, M.S.), „die nach moralischen Gesetzen gebietet" und die „zugleich als Ursache der Natur zum Grunde gelegt" werden kann, Glückseligkeit erhofft werden kann. Kant hat sehr wohl gesehen, dass es der eine Gott ist, auf den die Vernunft sich ausstreckt, die Einheit der Vernunft gewahrt bleibt und das Gottespostulat der praktischen Vernunft denkbar bleibt. Aber was denknotwendig ist, muss deshalb noch nicht existieren.

[15] Th. W. Adorno, *Negative Dialektik* (= stw; 113), Frankfurt [3]1982,

[16] H. Krings, *Die gesuchte Wissenschaft*, in: W. Oelmüller (Hg.), *Metaphysik heute?*, Paderborn u.a. 1987, 132–147, 147.

[17] Joseph Ratzinger/Benedikt XVI., *Der Gott des Glaubens und der Gott der Philosophen. Ein Beitrag zum Problem der theologia naturalis*. Hg. und mit einem Nachwort versehen v. H. Sonnemans, Leutesdorf [2]2005, 34.

Vernünftiger Glaube

Bemerkungen zur Regensburger Vorlesung
Papst Benedikts XVI.

von Knut Wenzel

Es war sein Wunsch, dass es während seines Pastoralbesuchs in drei bayerischen Diözesen, der zugleich ein Privat-
besuch – als Rückkehr und Abschied – an den Stätten und in
der Landschaft seiner Herkunft und Heimat war, auch eine
Begegnung mit der Wissenschaft stattfinden sollte, und zwar
an der Universität Regensburg. Hier lehrte er von 1969 bis
1977 als Professor für Dogmatik und Dogmengeschichte.[1]
So kam es dazu, dass Papst Benedikt XVI. am 12. September
2006 im Auditorium Maximum der Universität Regensburg
eine Ansprache hielt. Dass sie als Vorlesung firmierte, schien
zunächst prätentiös. Auch wollte im ersten Moment befrem-
den, dass Benedikt XVI. eingangs seiner Ansprache wohl von
seinen akademischen Anfangsjahren in Bonn sprach, Regensburg jedoch keinmal erwähnte. Doch war das alles folgerich-
tig: Seine Antrittsvorlesung hatte er 1959 in Bonn gehalten. In
Regensburg nun kehrte er zu deren Thema zurück, und zwar
im korrespondierenden Genre: Ein akademischer Lehrer, der
Papst geworden ist, hält seine Abschiedsvorlesung. Er lässt ein
wissenschaftliches Werk sich runden und setzt den Rahmen,
innerhalb dessen er es gedeutet sehen möchte. So brauchte
Regensburg nicht mehr eigens erwähnt zu werden; die Abschiedsvorlesung war in sich Akt der Würdigung seiner alten,
seiner letzten Universität und Fakultät.[2]

Im Zentrum der Ausführungen Papst Benedikts XVI. steht
die Vernünftigkeit des Glaubens. Diese wird sowohl mit theolo-

gischen als auch mit säkularen Formen der Kritik konfrontiert, mit dem Ziel, sie zu verteidigen. Der Papst legt dabei einen Argumentationsgang vor, dessen Rekonstruktion sich schon deswegen lohnt, weil er, wohl aus Gründen der Ökonomie, manche Zwischenschritte und auch Anfragen unerwähnt lässt. Im Folgenden will ich mich auf drei Fragekomplexe beschränken: die Frage der Vernünftigkeit des Glaubens, die Frage der geschichtlich-kulturellen Realisation der Vernunft, die Frage des Verhältnisses des Christentums und der christlichen Theologie zum Projekt Moderne.

Ist Gott „vernünftig"?

1) Papst Benedikt XVI. wählt einen schwierigen Zugang zu seinem Kernthema. Es geht ihm um die Begründung der Vernünftigkeit des Glaubens im Gottesbegriff selbst. Der Glaube kann nur vernünftig sein, wenn Gott selbst „vernünftig" ist. Insofern Papst Benedikt XVI. hier ohnehin den Begriff des Logos verwendet (und damit übrigens einen sehr umfassenden Vernunftbegriff intoniert), hätte sich nahe gelegt, die „Vernünftigkeit" Gottes und des Menschen (und also auch seines Glaubens) aus den spätantiken Logos-Spekulationen in ihrer platonisch-stoischen Amalgamierung zu begründen, und zwar ganz auf dem Weg, den frühchristliche Theologen gegangen sind. Der Papst geht aber nicht diesen Weg. Vielmehr wählt er ein Religionsgespräch aus dem 14. Jahrhundert zum Ausgangspunkt seiner Überlegungen. Dieses hat der byzantinische Kaiser Manuel II. Palaiologos mit einem muslimischen Theologen geführt. Der Ausgangspunkt hat also einen Kontext des Konflikts, und dies um so mehr, als der aktuelle Resonanzraum einer solchen Wahl unübersehbar ist, wie die zwei Tage nach der Rede einsetzenden Reaktionen auf den entsprechenden Passus dokumentieren[3] – wenn dieser Resonanzraum auch keineswegs eindeutig identifiziert werden kann: Stehen wir

im Konflikt zwischen „Islam" und „Christentum", zwischen „dem Islam" und „dem Westen", zwischen „Islamismus" und „Säkularismus", etc.? Papst Benedikt XVI. identifiziert einen Konflikt zwischen zwei Gottesbegriffen, deren einer Gott als der menschlichen Vernunft zugänglich, deren anderer Gott als prinzipiell, in jeder Hinsicht und unaufhebbar menschlichem Erkennen entzogen denkt. Der erste wird vom byzantinischen Kaiser vertreten, der seinerseits den zweiten dem Islam unterstellt. Der Kaiser schlussfolgert vom Gottesbegriff auf die religiöse Politik und Praxis, wenn er den Glauben an einen „vernünftigen" Gott als in seiner missionarischen Dimension friedlich, weil auf das Überzeugen setzend, den Glauben an einen „un-vernünftigen" Gott aber als gewalttätig, weil auf das Mittel der Überzeugung eben nicht setzen können charakterisiert. Papst Benedikt XVI. zitiert die entscheidende Passage: „Gott hat kein Gefallen am Blut, und nicht vernunftgemäß zu handeln ist dem Wesen Gottes zuwider. Der Glaube ist Frucht der Seele, nicht des Körpers. Wer also jemanden zum Glauben führen will, braucht die Fähigkeit der guten Rede und ein rechtes Denken, nicht aber Gewalt und Drohung … Um eine vernünftige Seele zu überzeugen, braucht man nicht seinen Arm, nicht Schlagwerkzeuge noch sonst eines der Mittel, durch die man jemanden mit dem Tod bedrohen kann."[4]

Für den weiteren Verlauf der Argumentation Benedikts XVI. spielt das Verhältnis zwischen Christentum und Islam keine ausdrückliche Rolle; der Papst nimmt den zitierten Text vielmehr zur Quelle seines Leitgedankens, nämlich dass es dem Wesen Gottes nicht entspricht, nicht vernunftgemäß zu handeln, bzw. positiv formuliert, dass Gott in seinem Wesen Vernunft, Logos, ist. Aber dennoch ist der Hinweis auf den Islam und seinen Gottesbegriff gesetzt – wie eine im Text nicht weiter aufgenommene Geste dieses Texts. Diese Geste ist übrigens nicht eindeutig genug, um sagen zu können, Benedikt XVI. hätte *den* Gottesbegriff *des* Islam als radikal „unvernünftig" bestimmt.[5] Vielleicht ist jene Geste als eine Frage an den Islam zu deuten, die es auch zulassen würde, wenn sie eine Zurückweisung der in ihr gegebenen Gottesbestimmung zur Antwort erhalten würde. Nur würde diese Frage, mit einer bloßen Zurückweisung nicht zufrieden, immer noch die positive Skizzierung eines islamischen Verständnisses des „nicht un-vernünftigen" Gottes erwarten.[6]

Schöpfungs- und geschichtstheologische Vermittlungen

Papst Benedikt XVI. entfaltet dies, wie gesagt nicht weiter; dass er primär über den christlich-islamischen Dialog gesprochen hätte, wie mancherorts berichtet, entspricht demnach nicht dem Aussagegefälle der Vorlesung. Auch steht keineswegs eine kritische Auseinandersetzung mit dem Islam, seinem Gottesbild oder einer aus einem solchen islamischen Gottesbild herzuleitenden Gewaltsamkeit im Zentrum der Überlegungen des Papsts. Vielmehr verfolgt er den Gedanken der „Vernünftigkeit" Gottes weiter. Indem er „Logos" mit „Vernunft" *und* mit „Wort" übersetzt, entspricht er dem Bedeutungsraum des von ihm zitierten Prologs zum Johannesevangelium, der in seinem Gebrauch des Logos-Begriffs eben nicht einfach griechisches Logos-Denken abbildet, sondern in einer Brechung aufnimmt. Sie besteht darin, dass der Prolog des Johannesevangeliums Gen 1,1 zitiert und damit auf das Leitwort des ersten Schöpfungsberichts anspielt: *dabar*, das Wort, das zugleich Handlung ist und durch das Gott die Welt „erschafft": Gott spricht; sein Sprechen bewirkt ordnende Unterscheidung des Chaos hin zu einem Leben ermöglichenden Bedeutungs-Raum. Gott teilt sich mit, insofern das, was sein Wort bewirkt, Leben ist und er selbst Gott des Lebens ist. Das Wort – *dabar*, Logos – ist schöpferische Selbst-Mitteilung Gottes. Benedikt XVI. deutet diesen Zusammenhang an[7], gewährt ihm aber keine konstitutive Bedeutung in seinem Argumentationsgang. Dabei hätte er doch, wie gesagt, in christlicher Adaption der griechischen Logos-Spekulationen ein stoisch vorgeprägtes Modell der Rede vom Logos als Selbst-Mitteilung Gottes an den Menschen finden können.[8] Freilich, auch dieses Modell hätte nicht voll zur Geltung bringen können, was in biblischer Schöpfungstheologie grundlegend ist – etwa in Unterschied zur Schöpfungstheologie im damaligen Umfeld Israels –: dass der Schöpfergott als *heilsgeschichtlich handelnd* gedacht wird.[9] Durch die Schöpfung bringt Gott eine Wirklichkeit „außerhalb" seiner selbst, „anders" als er, „unabhängig" von ihm ins Sein und gibt zu verstehen, dass er sie will: vorbehaltlos anerkennt. Diese vorbehaltlose Anerkennung durch Gott hält sie überhaupt im Sein. Schöpfungs- und heilstheologisch bedeutet demnach der Gedanke der Selbst-Mitteilung Gottes, dass Gott durch sie gewissermaßen die Alteritätsgrenze überschreitet. Darin liegt keine Einschränkung Gottes, da er sie ja will, indem er die Welt erschafft, aber ein Denkproblem. Der Papst steuert es an, indem er auf die Analogie zu sprechen kommt.

Das Problem der Analogie

Die knappe Darstellung von Schöpfungs- und Heilsgeschichtstheologie zeigt das Verhältnis von Gott und Mensch – das Verhältnis von „Logos und Logos" – als ein Verhältnis des *Vermittlungszusammenhangs*, der *handlungsstrukturiert* ist: Gott handelt am Menschen, indem er ihn vorbehaltlos bejaht, so dass dieser sich als in seinem Bejahtsein durch Gott gegründet und dazu aufgerufen wissen kann, dieses Bejahtsein anzunehmen: indem er in die Gemeinschaft mit Gott, zu der dieser ihn ruft, tritt und die Gnade des bedingungslosen Bejahtseins nicht für sich behält, sondern weitergibt, ja sich vom Nächsten mit ihr beschenken lässt. Dieser handlungsstrukturierte Vermittlungszusammenhang kann sozusagen um Gottes und des Menschen willen nicht übersprungen werden. Von ihm her fällt ein kritisches Licht auf den Analogie-Gedanken. Die heilsgeschichtliche Orientierung der Theologie, die den Zusammenhang zwischen Welt bzw. Mensch und Gott über die Vermittlung des *Handelns Gottes* denkt, wird nicht mehr ohne weiteres von einer Analogie des Seins sprechen können. Ist so etwas wie eine Analogie der Handlungsfähigkeit oder, die Handlungsfähigkeit auf den Akteur zurückführend, eine Analogie des Subjekts denkbar? – Ohne das hier weiter ausführen zu können, bleibt doch festzuhalten, dass die Ambivalenz der Analogie, die Ähnlichkeit und Unähnlichkeit verbindet, auf dem Hintergrund des Handlungszusammenhangs zwischen Gott und Mensch eine neue Schärfe erhält. Denn einerseits ist Kommunikation, Verständigung (von Gott her) angezielt und findet (zwischen Gott und Mensch) statt. Damit ist der Pol der Ähnlichkeit angesprochen. Andererseits begegnen sich Gott und Mensch als zwei Subjekte; vom Subjekt hat aber schon Richard von St. Victor gesagt (wenn auch auf die drei göttlichen Personen bezogen), es sei *inkommunikabel.*[10] Damit ist der Pol der Unähnlichkeit angesprochen. „Unähnlich" lässt sich hier als Unmöglichkeit einer restlos veröffentlichenden Vergleichung der Subjekte bestimmen. Beide Pole sind aufeinander irreduzibel. Das macht die unaufhebbare Ambivalenz der Analogie aus, die ja noch dadurch eine Komplexisierung erfährt, dass sie im Fall von Gott und Mensch ein asymmetrisches Verhältnis begrifflich zu regulieren hat.

Papst Benedikt XVI. freilich betont den Pol der Ähnlichkeit, um die verlässliche Zugänglichkeit Gottes denkerisch sicher zu stellen. Der Blick auf jenen oben skizzierten Zusammenhang, der vorläufig als „Analogie des Subjekts" bestimmt worden ist – ein Begriff, der die Interpretation des Gott-Mensch-Verhältnisses als heilsgeschichtlichen Handlungszusammenhang festhält –, zeigt, dass das Verhältnis der Ähnlichkeit zwischen Gott und Mensch nicht mehr als ein transsubjektives, transgeschichtliches, ontisches Ausfließen von Göttlichem in eine

Sphäre des Nichtgöttlichen gedacht werden kann. Wie aber dann? – Biblisch, in einem ersten Schritt: Gott teilt sich als der *treue Gott* mit, der seine Treue darin erweist, dass er seiner Selbstzusage Zukunft verheißt: „Ich bin der – und also solcher bei euch –, als der ich mich stets neu erweisen werde." (Ex 3,14) Dies kann aber nur ein erster Schritt sein. Denn, so könnte im Sinn Benedikts XVI. gefragt werden, muss ein solcher Gott, der Treue zusagt, nicht als der gefürchtet werden, der in jedem Moment seine Zusage widerrufen kann, und ist dann die Glaubensbeziehung zu einem solchen Gott nicht notwendigerweise von Angst statt von Vertrauen bestimmt? Es sei denn, der sich als treu offenbarende Gott teilt damit auch sich in seinem Wesen mit, es sei denn, dieser Gott *ist* treu. Die sich hieraus ergebende Aussage, dass Gott wesensgemäß treu ist, konvergiert mit Benedikts XVI. Aussage, dass Gott wesensgemäß vernünftig ist, nur dass dasselbe dort subjekttheoretisch und hier intellektualistisch formuliert wird.

Es bleibt aber, wie als Einspruch gegen eine allzu geläufige Handhabung des Ähnlichkeitspols, die, wie es in jenem berühmten, von Papst Benedikt XVI. erwähnten Passus des IV. Laterankonzils heißt, „je größere Unähnlichkeit" (DH 806). Karl Rahner hat diesen Einspruch sehr deutlich formuliert, ohne dabei den Anspruch von Theologie und Glaubenssprache preiszugeben, eine bedeutungsvolle Rede über und zu Gott führen zu können, ja zu müssen. Anlässlich einer akademischen Feier zu seinem 80. Geburtstag mahnt er die Theologie, dass sie die Analogizität ihres Redens deutlicher verwirklichen soll, so nämlich, dass die „Zurücknahme der Zusage eines begrifflichen Inhaltes bei seiner Zusage" gewissermaßen den Rhythmus theologischer Rede darstellt.[11] Eine solche Rhythmisierung der Theologie durch die Analogie bedeutet wie gesagt keine Verneinung der Möglichkeit, Aussagen über Gott zu treffen. Gleichwohl bleibt die Frage, wie die beiden Pole von Ähnlichkeit und Unähnlichkeit – wie mithin die Analogie selbst – in einer theologischen Argumentation zur Geltung gebracht und fruchtbar gemacht werden kann.

Gott als Geheimnis seiner Selbst-Mitteilung

Der Begriff des Geheimnisses in seiner theologischen Bestimmung, wie sie von Karl Rahner vorgenommen worden ist, ist hier immer noch wegweisend:[12] Gott ist Geheimnis, im Sinn seiner unverfügbaren Göttlichkeit. Weder löst sich die Geheimnishaftigkeit Gottes in seiner Selbst-Offenbarung auf noch schränkt sie diese in der Weise ein, dass die Menschen als Adressaten der Offenbarung nicht sicher sein könnten, in der und durch diese Offenbarung auch wirklich Gott zu begegnen. Vielmehr ist die Geheimnishaftigkeit Gottes Inhalt seiner Selbst-Mitteilung. Auf die Formel gebracht: Gott offenbart sich als Gott. Er ist bleibend Geheimnis, auch in der Offenbarung; er gibt sich den Menschen nicht als manipulierbarer Gegenstand in ihr Verfügen, sondern macht sich als unauslotbare Fülle zugänglich. Die Göttlichkeit Gottes ist heiliges Geheimnis nicht der Vorenthaltung, sondern der unausschöpfbaren Fülle.

Der Begriff der Analogie sagt etwas darüber aus, *wie* die Sprache Bedeutung verwirklichen kann. Er ist im *strengen* Sinn kein theologischer Begriff. Mit dem Begriff des Geheimnisses – in dem soeben skizzierten Verständnis – gelingt es, die Analogizität theologischer Rede auf den Begriff Gottes selbst zurückzuführen. Um eine theologische Pragmatik der Analogie vollständig zu begründen, bedarf es nun einer Grammatik der Rede von jenem heiligen Geheimnis, das Gott ist. Eine solche Grammatik müsste den Gehalt der Analogie aufnehmen und aus dem Begriff Gottes, also theologisch, begründen. Die christliche Theologie verfügt über eine solche „Theo-Grammatik"[13]: in der Trinitätstheologie. Der systematische Zugang zur Trinitätstheologie erfolgt nicht über die Unterscheidung

zwischen Einheit und Dreiheit, sondern über die Unterscheidung zwischen ökonomischer und immanenter Trinität. Diese
nämlich erlaubt es, von Gott in seiner Menschenzugewandtheit
bei gleichzeitiger Wahrung seiner absoluten Transzendenz zu
sprechen. Denn zum einen kann der sich mitteilende Gott nur
dann *als Gott* sich mitteilen, wenn er in seiner Mitteilung nicht
aufgeht; zum anderen muss gesagt werden können, dass in der
Offenbarung tatsächlich Gott selbst sich zeigt und zugänglich
macht. Letzteres wird von Karl Rahners bekanntem Axiom
festgehalten: „Die ‚ökonomische‘ Trinität *ist* die immanente
Trinität und umgekehrt."[14]

Vernunft in geschichtlich-kultureller Realisation

2) Die Vernünftigkeit des Glaubens ist jedoch nicht schon dadurch hinreichend erwiesen, dass seine Inhalte einer binnen-
theologischen Argumentation unterzogen werden (was gleichwohl notwendig ist), wie sie bisher entlang einer bestimmten
Fragestellung skizziert worden ist, sondern erst, indem er sich
auf die Instanz der Vernunft selbst beziehen lässt. Von dieser Bezogenheit des Glaubens auf die Vernunft spricht Benedikt XVI. aber in einer Weise, die implikativ eine bedeutsame
Frage mit sich führt.
  Ein Leitmotiv aufgreifend, welches das theologische Denken des akademischen Lehrers und Kardinals Joseph Ratzinger von Beginn an bestimmt hat,[15] behandelt der Papst die
Frage des Verhältnisses von Glaube und Vernunft in Gestalt
der Thematisierung eines Zueinanders von biblischer Glaubensartikulation und griechischer Philosophie. Den von der
Apostelgeschichte erzählten Traum des Paulus, der ihn veranlasst, seine Mission nach Griechenland zu wenden (Apg
16,6–10), deutet der Papst als „Verdichtung des von innen her
nötigen Aufeinanderzugehens zwischen biblischem Glauben
und griechischem Fragen". Er spricht vom „tiefen Einklang"

zwischen biblischem Glauben und griechischem Denken und schreibt der „Begegnung zwischen Glaube und Vernunft" den Charakter des Notwendigen zu.[16] Wenn sich nun aber in der Begegnung von biblischer und griechischer Tradition Glaube und Vernunft begegnen, beinhaltet dies die Frage, ob nicht nur der Glaube, sondern eben auch die Vernunft zwar formal bestimmbar ist, jedoch nicht abstrakt sondern in geschichtlich-konkreten Realisationen begegnet. Wenn also der Glaube nach Vernunft sucht – *fides quaerens intellectum*[17] –, sucht er nach der Vernunft in Gestalt ihrer konkreten Realisation in einer *Denkgeschichte*. Die geschichtlich zufällige Begegnung von biblischem und griechischem Denken müsste dann ihre transkontingente Geltung zur einen Seite darin formuliert finden, dass die griechische eine besonders entfaltete, perspektivenreiche und zukunftsträchtige Gestalt der Vernunft sei. Die Attraktivität der griechischen Vernunftgestalt wäre freilich nicht in einer bestimmten Denkschule bzw. -tradition innerhalb des Spektrums griechischen Denkens zu sehen, etwa im Platonismus, sondern in der Herausbildung einer spezifischen Vernunftkompetenz: der nämlich, dass die Vernunft sich auf sich selbst beziehen und sich selbst thematisieren kann, dass sie sich selbst kritisieren, korrigieren und auf diese Weise weiter entwickeln, weiter „aufklären" kann.

Die Feststellung einer „von innen her nötigen" Begegnung zwischen biblischem und griechischem Denken betont für die Seite des Glaubens noch einmal dessen innere Rationalität als eine normative Bestimmung. Sie beinhaltet zugleich einen Hinweis auf die Struktur dieser Rationalität, die wie die griechische als Rationalität der Selbstkorrektur bestimmt werden kann. Tatsächlich lassen sich solche produktiven Selbstkorrekturen als für den biblischen Überlieferungsprozess konstitutiv identifizieren.[18]

3) Die Geschichte dieser griechisch beginnenden Realisations-form der Vernunft führt über vielfältige Vermittlungen, deren gewichtige, doch nicht einzige die christliche ist, zu jener auch unsere Gegenwart noch umfassenden Epoche, die mit den nicht ohne Grund emphatisch verwendeten Begriffen der Neuzeit, der Aufklärung und der Moderne bezeichnet wird. Alle drei Begriffe werden auch historisierend als Bezeichnungen einzel-ner Teilepochen jener Großepoche verwendet, die dann keinen eigenen Namen mehr trägt. Weder lassen sich die Einzelepo-chen historisch eindeutig voneinander scheiden noch ist die Großepoche des „Projekts Moderne" insgesamt eingrenzbar: Beginnt sie, als Neuzeit, mit den Florentiner Neuplatonikern des 15. Jahrhunderts oder mit den Dichtern der Volkssprache Petrarca, Dante und Boccaccio, oder mit den Armutsbewe-gungen des Hochmittelalters, oder mit dem Minnesang und der höfischen Romanliteratur, hier vor allem mit bestimmten Bearbeitungen des Parzifalstoffs und der Erzählung um Tris-tan und Isold? Und das wäre wiederum nur der kontinentale Blick, unter Absehung von den britischen Inseln und den so genannten Rändern Europas. – Und endet sie, als Moderne, in der Postmoderne, oder ist sie präsent in einer entwickelten Moderne? – In einer radikalen Zusammenfassung wird man diese Großepoche als die Zeit der Entdeckung des Menschen als Subjekt seines Handelns, seines Denkens und auch seines Heils bestimmen können; als die Zeit der Entdeckung, der Entfaltung und des Kritischwerdens des autonomen Subjekts, eine Entdeckungsgeschichte, die sowohl die Potenzen als auch die Grenzen mit einschließt; als die Zeit der Formulierung und Erstreitung des Rechte zur Ausübung dieser Autonomie und zum Genuss der mit ihr verbundenen Würde – privat, po-litisch, religiös, künstlerisch, wirtschaftlich ...; als die Zeit der Bedrohung des autonomen Subjekts durch Überforderungen

und faktische, tödliche Kompensationen. Auch hier gilt noch das biblisch-griechische Vernunftprinzip der Selbstreflexivität: Die Moderne ist nicht dadurch diskreditiert, dass sie sich tatsächlich als missbrauchbar erwiesen hat, in ihr Gegenteil umschlagen kann – solange sie die Fähigkeit bewahrt, ihre Verantwortung zu erkennen und nach Auswegen zu suchen.

Indem er die Auffassung ausschließt, dass die (eben angedeutete) „Selbstkritik der modernen Vernunft" bedeute, „man müsse nun wieder hinter die Aufklärung zurückgehen und die Einsichten der Moderne verabschieden", verwendet Papst Benedikt XVI. einen emphatischen Begriff von Aufklärung. Selbstkritik ist in diesem Verständnis ein Vermögen der modernen Vernunft, das sie aus dem griechischen Erbe schöpft. In diesem Sinn bekennt der Papst: „Das Große der modernen Geistesentwicklung wird ungeschmälert anerkannt: Wir alle sind dankbar für die großen Möglichkeiten, die sie dem Menschen erschlossen hat und für die Fortschritte an Menschlichkeit, die uns geschenkt wurden." Man darf an dieser Stelle nicht vergessen: Wenn der Papst die moderne Vernunft auf der Linie des griechischen Vernunfttyps bejaht, beinhaltet dies – nach allem, was vorher entwickelt worden ist – implikativ das Geltendmachen des Vernunftkerns oder Vernunftpotentials der biblischen Tradition. Denn wenn auch in einigen, keineswegs in allen Ausprägungen der „modernen Vernunft" Glaube und Vernunft auseinander und gar in Widerspruch zueinander zu treten scheinen, so ist darin allein noch keine Verabschiedung des biblischen „Vernunftprinzips" zu sehen. Dies ist erst dann der Fall, wenn jenes Auseinandertreten und Diffuswerden des Bedeutungsraums die Suche nach einer gültigen Bedeutung ausschließt, auf die hinzuzielen man aber der Moderne nicht schlechterdings wird absprechen können.

Die im Grundsatz affirmative Anknüpfung am „Projekt Moderne" durch Benedikt XVI. bricht sich am seiner Beurteilung der Position Immanuel Kants in der Frage nach dem Verhältnis von Glaube und Vernunft. Dabei bezieht sich der Papst auf Kants Aussage, „er habe das Denken beiseite schaffen müssen, um dem Glauben Platz zu machen".[19] Kant, so die Schlussfolgerung Benedikts XVI., „hat dabei den Glauben ausschließlich in der praktischen Vernunft verankert und ihm den Zugang zum Ganzen der Wirklichkeit abgesprochen". Kant nicht als Gegner, sondern als Partner im Ringen um sowohl die Vernünftigkeit des Glaubens als auch eine verantwortete Glaubensoffenheit der Vernunft zu verstehen, würde aber seinem Denken durchaus gerecht werden: Kants Zuordnung des Glaubens zur praktischen Vernunft hängt damit zusammen, dass er die Moralität des Menschen nicht aus der Religion begründen will. Eine solche Begründung, also eine heteronome und nicht autonome Bestimmung der Sittlichkeit, könnte nämlich zum einen nicht sicher stellen, dass der Mensch wirklich moralisch handelt, dass heißt aus (prinzipiell möglicher) freier Einsicht und nicht aus einer seiner Einsicht und seiner Handlungsfähigkeit vorgelagerten Bestimmung. Zum anderen aber, und darin zeigt sich die Nähe der Argumentation Immanuel Kants zur Grundintention der Regensburger Vorlesung Benedikts XVI., geht es Kant bei der genannten Zuordnung von Glaube und Vernunft ausdrücklich um die Gewinnung eines Begriffs vernünftiger Religion: „Wenn man Gott vor der Moralität erkennen will, so legt man ihm nicht moralische Vollkommenheiten bei. Daher kann Religion böse Sitten hervorbringen oder sie gesetzlich indeterminiert lassen."[20] Kant geht es um den Ausschluss des Unvernünftigen aus dem Begriff Gottes, darum also, „die moralische Bonität des Göttlichen Willens erkennen [zu] können".[21] Dies entspricht aber der Zusammenfassung der Position des byzantinischen Kaisers durch Papst Benedikt XVI.: „Nicht vernunftgemäß zu handeln ist dem Wesen Gottes zuwider."

In der Regensburger Vorlesung bestimmt der Papst das Verhältnis von Glaube und Vernunft nicht antagonistisch oder als das Verhältnis zweier voneinander unabhängiger oder doch verschiedener Erkenntnisweisen. Wenn die Wahrheit unteilbar ist, dann auch die Fähigkeit des Menschen, sie zu erkennen. Es gibt nur eine Vernunft, und der Glaube bedient sich ihrer. Die Regensburger Vorlesung scheint eher dieser Verhältnisbestimmung zuzuneigen. Wenn der Papst hieraus auch die Kritik an einem bestimmten Vernunftverständnis und -gebrauch herleitet, so liegt solche Kritik doch ganz auf der Linie des biblisch-griechischen Vernunftprinzips einer Selbst-Thematisierung und -korrektur der Vernunft. Es entspricht diesem Vernunftprinzip, dass eine christlich-theologische Argumentation für einen vernünftigen Gottesbegriff als jene Erkenntnis ausgewiesen wird, die sich auch einer selbstkritischen Thematisierung der Geschichte von Irrtum und Schuld innerhalb der Geschichte des Christenøtums verdankt.

Dass nämlich der „un-vernünftige" Gott auch zur christlichen Gottesgeschichte gehört, ist leicht belegbar. Der Papst weist seinerseits auf den Skotismus hin. Verwirren, womöglich bestürzen mag freilich der Umstand, dass sich nicht nur archaische oder wenigstens vormoderne Belege für eine Konzeption des „un-vernünftigen" Gottes finden lassen. Auf deren radikalstes Zeugnis trifft man in Søren Kierkegaards Interpretation der Opferung des Isaak (Gen 22,1–18).[22] Diese Deutung ist insofern modern, als sie Abrahams Bereitschaft zur Opferung seines Sohns als Ausdruck eines radikal subjekthaften, zu jeder Kategorie des Allgemeinen inkommensurablen Glaubens versteht. Die Schrift *Furcht und Zittern* ist von der Bezeichnung des Glaubens als Paradox durchzogen. Es besteht hinsichtlich Abrahams darin, dass es „einen Mord zu einer heiligen, Gott wohlgefälligen Handlung zu machen vermag"[23]. Kierkegaard misst die Paradoxalität des Glaubens am Spalt zwischen dem traditionellen Gottesprädikat der Universalität und dem modernen Begriff einer personalen Gottesbeziehung: Abraham ist entschieden „modern"; das „Paradox des Glaubens [i.e.: nach dem Modell Abrahams] ist des Zwischenglieds, das heißt des Allgemeinen, verlustig gegangen"[24]. Abraham ist „durch eine rein persönliche Tugend groß. Es gibt keinen höheren Ausdruck für das Ethische in Abrahams Leben als den, dass ein Vater seinen Sohn lieben soll"[25]. Kierkegaard liest die Opferung Isaaks auf der Folie des Zusammenpralls von Subjekt und Allgemeinem. An diesem Zusammenprall lässt er den Begriff des Ethischen zerbrechen. Das Ethische ist nämlich einerseits als Moralität oder Sittlichkeit durch das Prinzip der Universalisierbarkeit der Normen und andererseits, als Ethik im engeren Sinn, teleologisch durch das Ziel des geglückten, guten, erfüllten Lebens bestimmt. Letzteres ist aber nur je subjektiv zu verwirklichen. Durch seinen Glauben, den Kierkegaard als unbedingte Verwirklichung der teleologischen Dimension des Ethischen deutet, suspendiert Abraham aber die Sittlichkeits-, die Universalisierungsdimension des Ethischen[26]. „Wenn aber nun das Ethische dergestalt ethisch suspendiert ist, auf welche Weise existiert dann der Einzelne, in dem es suspendiert ist? Er existiert als der Einzelne im Widerspruch zu dem Allgemeinen."[27]

In den Gottesbegriff wird dies alles über den Begriff der Liebe eingetragen: „Gott ist der, welcher schlechthin Liebe erheischt."[28] Dieser Liebe nachzukommen – was aus der Perspektive Abrahams nun als „Pflicht" angesprochen wird – bedeutet wiederum die Suspension des Ethischen als der allgemeinen Sittlichkeit: „Die absolute Pflicht kann einen also dazu bringen, das zu tun, was die Ethik untersagen würde, aber keineswegs kann sie den Glaubensritter dahin bringen, die Liebe fahren zu lassen. Das zeigt Abraham."[29] Das verstörend Moderne an Kierkegaards Darlegung eines „un-vernünftigen" Gottesbegriffs liegt eben darin: In der Suspension des Ethischen als des Sittlichen, Allgemeinen und Normativen, des Vernunft und Verständigung Zugänglichen, wird der Gottesbegriff mit dem Begriff von Subjektivität verbunden: „... es gibt eine absolute Pflicht gegen Gott, und gibt es eine solche, so ist sie die des beschriebenen Paradox, dass der Einzelne als der Einzelne höher ist denn das Allgemeine und als Einzelner in einem absoluten Verhältnis zum Absoluten steht"[30].

Unabhängig davon, ob Kierkegaards Interpretation der Opferung Isaaks zustimmungsfähig ist, wird mit ihr dennoch die Grundproblematik eines Glaubensbegriffs aufgezeigt, der die Subjekthaftigkeit des Glaubens als un-vermittelte Gottesbeziehung auslegt. Ein radikal subjektivierter Glaubensbegriff verbindet sich hier mit dem als vormodern geltenden Begriff eines „un-vernünftigen" Gottes zu einer problematischen Figur der Moderne.

Die Regensburger Vorlesung übt freilich vernünftige Vernunftkritik: „Nicht Rücknahme, nicht negative Kritik ist gemeint, sondern um Ausweitung unseres Vernunftbegriffs und -gebrauchs geht es." Die Ermunterung des Papsts zum Gebrauch einer nicht-reduktionistischen, sondern bereicherten Vernunft darf als Ansatz zu einer Kritik der instrumentellen Vernunft aufgefasst werden.

Die Theologie an der Universität

Es gehört zur geschichtlich-kulturellen Realisation der Vernunft in Europa, dass ihr Diskurs die Universität als schubweise sich stets weiter ausdifferenziert habende Institution der systematischen und methodischen Vernunftreflexion ausgebildet hat. Der Papst anerkennt dies, indem er der Theologie „als eigentliche Theologie" (und nicht als „historische oder humanwissenschaftliche Disziplin") die Universität als ihren genuinen Ort zuweist. Die Theologie gehört an die Universität, in den institutionell-akademischen Austausch mit dem gesamten Spektrum der Wissenschaften: Dies zu sagen bedeutet auch zu sagen, dass der Glaube nicht nur vage mit der Vernunft zu tun hat, sondern sich von innen heraus auf den akademisch geformten Vernunftdiskurs einlassen kann und auch einlassen muss. Die Theologie – und durch sie der Glaube – profitiert nicht nur von der Universität, sie hat, so Papst Benedikt XVI., ihr auch etwas zu geben: „Mut zur Weite der Vernunft, nicht Absage an ihre Größe – das ist das Programm, mit dem eine dem biblischen Glauben verpflichtete Theologie in den Disput der Gegenwart eintritt."

Diese Weite der Vernunft, für sie steht der Begriff Logos, bildet den Raum, in dem ein Dialog der Kulturen möglich ist. Die Aufrechterhaltung dieses weiten Raums der Bedeutung wird durch den Papst als eine Aufgabe der Theologie bestimmt. Er lädt, seine Vorlesung abschließend und zusammenfassend, zum Dialog der Kulturen in diesen Verständigung ermöglichenden weiten Raum der Vernunft ein. Es würde dem Raum-Bild von der „Weite der Vernunft" nicht entsprechen, wenn irgendjemand von vornherein aus diesem Raum der Bedeutung und der Verständigung ausgeschlossen wäre. Von hierher, den Duktus der gesamten Vorlesung aufnehmend, kann demnach an ihrem Anfang nicht die Vorabverurteilung einer Religion stehen – wohl aber die Aufrichtung eines Maßstabs: Vernünftigkeit und, darin gründend, Gewaltfreiheit der Religion.

Anmerkungen

[1] Siehe hierzu auch die von der Katholisch-Theologischen Fakultät der Universität Regensburg eingerichtete homepage: www.benedikt.uni-regensburg.de.

[2] Der Abdruck der Rede in der Frankfurter Allgemeinen Zeitung Nr. 213 vom 13. September 2006, S. 8, bildet die Textbasis für die folgenden Ausführungen. Dieser Abdruck entspricht der durch den Vatikan zugänglich gemachten Fassung und, bis auf wenige Abweichungen vom Manuskript, auch der faktisch gehaltenen Rede. Seit kurzem ist auf der *homepage* des Vatikans eine mit Anmerkungen versehene Fassung der Vorlesung zugänglich.

[3] Mit der dritten hinzugefügten Anmerkung antwortet Papst Benedikt XVI. auf diese Reaktionen. An dieser Stelle findet sich auch einer der wenigen Eingriffe in den Haupttext: Nun wird von jenem Zitat aus dem

Religionsgespräch Manuels II., welches solche Empörung ausgelöst hat, nicht nur gesagt, dass es „in erstaunlich schroffer Form", sondern dass es „in für uns unannehmbar schroffer Form" gehalten sei.

[4] Papst Benedikt XVI. bezieht sich auf Edition und Kommentar des siebten Streitgesprächs durch Adel Th. Khoury in den Sources Chrétiennes (Paris: Cerf, 1966).

[5] Der vom Papst in Anlehnung an Khourys Kommentar erwähnte und für die Position eines „un-vernünftigen" Gottes in Anspruch genommene muslimische Theologe Ibn Hazm kann nicht für den Islam schlechthin, nicht einmal zu seiner Zeit, stehen. Als Theologe des muslimischen Spaniens des 11. Jahrhunderts ist Ibn Hazm freilich Kopf einer Theologenschule gewesen (der *Zahiriya*), welche die Fähigkeit des Menschen zur vernünftigen Gotteserkenntnis äußerst skeptisch beurteilte. Im Spektrum der Schulen dieser Zeit gibt es gleichwohl auch die der *Mutazila*, der eine geradezu rationalistische Theologie zugeschrieben werden kann. Die Aufnahme von Differenzierungen dieser Art hätte die Aussageintention, welche die Vorlesung Papst Benedikts regiert, sicher noch unmissverständlicher zur Geltung gebracht.

[6] Im Vorfeld der vom deutschen Bundesinnenminister Wolfgang Schäuble einberufenen Islamkonferenz hat das Deutsche Islamforum, ein Dialogkreis von Vertretern islamischer Verbände, des Staats, der Kirchen und von Wissenschaftlern, in einer Erklärung und Auslegung der Scharia deutlich gemacht, dass solche Werte und Rechte wie die Religionsfreiheit, die Gleichberechtigung von Mann und Frau, die demokratische Gesellschaftsordnung und die Menschenrechte allgemein mit dem Islam (und damit auch mit dem islamischen Gottesbild) in Übereinklang stehen. (Der Text ist auszugsweise dokumentiert in der Süddeutschen Zeitung Nr. 222 vom 26. September 2006, S. 5.) Wird man dies als eine Antwort auf die Frage der Regensburger Vorlesung des Papsts beziehen dürfen?

[7] „Den ersten Vers der Genesis abwandelnd, hat Johannes den Prolog seines Evangeliums mit dem Wort eröffnet: Im Anfang war der Logos. Dies ist genau das Wort, das der Kaiser gebraucht: *Gott handelt mit Logos. Logos ist Vernunft und Wort zugleich – eine Vernunft, die schöpferisch ist und sich mitteilen kann*, aber eben als Vernunft." (Hervorhebung vom Autor)

[8] So wird die stoische Unterscheidung zwischen dem inneren Logos (*logos endiathetos*; Vernunft) und dem geäußerten Logos (*logos prophorikos*; vernünftige Rede) durch Justin den Märtyrer (2. Jh.) christlich aufgenommen und auf das Mitteilungsverhältnis zwischen Gott Vater und Sohn angewendet: Der Vater teilt im Sohn seinen inneren Logos mit, und zwar so, dass der geäußerte Logos (der Sohn) in der Weise mit dem inneren Logos des Vaters übereinstimmt, dass er den Willen des Vaters kennt und treu in die Welt hinein mitteilt, aber zugleich auch mit ihm nicht einfach identisch ist. Vgl. Justin, *Dialog mit dem Juden Tryphon*, 61,1f.

[9] Die biblische Schöpfungstheologie steht etwa zur babylonischen Schöpfungstheologie in einem Verhältnis der Rezeption in Differenz: Sie nimmt von dort kosmologisches Bedeutungsmaterial auf, ohne damit selbst eine Kosmologie oder Kosmogonie komponieren zu wollen. Vielmehr formuliert sie mit Elementen einer kosmologischen Sprache eine heilsgeschichtlich geprägte und kontrafaktisch pointierte Theologie der Welt, die dieser einen unverfügbaren Wert zuspricht. Dem biblischen Denken gelingt es, durch die umdeutende Aneignung der kosmologischen Sprache die Würdigung der Welt *als* Universalisierung des biblischen Gottesgedankens auszusagen.

[10] Vgl. Richard von St. Victor, *De Trinitate*, IV 22.

[11] Karl Rahner, *Erfahrungen eines katholischen Theologen*, in: Karl Lehmann (Hg.), *Vor dem Geheimnis Gottes den Menschen verstehen. Karl Rahner zum 80. Geburtstag*, München-Zürich 1984, 105–119, hier: 106.

[12] Vgl. Karl Rahner, *Über den Begriff des Geheimnisses in der katholischen Theologie*, in: ders., *Schriften zur Theologie IV*, Einsiedeln–Zürich–Köln 1960, 51–99.

[13] Vgl. zu Begriff und Projekt einer Theo-Grammatik: Thomas Schärtl, *Theo-Grammatik. Zur Logik der Rede vom trinitarischen Gott*, Regensburg 2003 (= ratio fidei 18).

[14] Karl Rahner, *Bemerkungen zum dogmatischen Traktat „De Trinitate"*, in: ders., *Schriften zur Theologie IV*, Einsiedeln–Zürich–Köln 1960, 103–133, hier: 115.

[15] Vgl. hierzu J. Ratzingers Antrittsvorlesung an der Katholisch-Theologischen Fakultät der Universität Bonn von 1959: *Der Gott des Glaubens und der Gott der Philosophen*, München 1960.

[16] Die Weise, in welcher der Papst diese Begegnung zwischen biblischem Glauben und griechischer Vernunft weiter entfaltet, nämlich als Darstellung einer Geschichte der dreistufigen Enthellenisierung (Reformation, liberale Theologie, Theologie der Inkulturation), deren jede Stufe er kritisiert und zu widerlegen trachtet, nimmt viel Raum ein und erscheint als unökonomische Verteidigung der Grundthese.

[17] Anselm von Canterbury, *Proslogion*, prooemium.

[18] So ist beispielsweise die Erzählung von der Erscheinung JHWHs vor Elija am Berg Horeb (1Kön 19,9–18) als Kritik an traditionellen, an Naturerscheinungen gebundenen Theophanievorstellungen (vgl. etwa Ex 33,18–34,9) konzipiert. Besonders zeigt sich aber eine „biblische Aufklärung" im Zusammenhang mit dem schwierigen Thema des „Strafhandelns Gottes".

[19] Die Aussage aus der Vorrede zur zweiten Auflage der Kritik der reinen Vernunft von 1787, auf welche Papst Benedikt hier anspielt, lautet im Kontext: „Ich kann also Gott, Freiheit und Unsterblichkeit zum Behuf des nothwendigen praktischen Gebrauchs meiner Vernunft nicht einmal annehmen, wenn ich nicht der speculativen Vernunft zugleich die

Anmaßung überschwenglicher Einsichten benehme, weil sie sich, um zu diesen zu gelangen, solcher Grundsätze bedienen muß, die, indem sie in der That bloß auf Gegenstände möglicher Erfahrung reichen, wenn sie gleichwohl auf das angewandt werden, was nicht ein Gegenstand der Erfahrung sein kann, wirklich dieses jederzeit in Erscheinung verwandeln und so alle praktische Erweiterung der reinen Vernunft für unmöglich erklären. Ich mußte also das Wissen aufheben, um zum Glauben Platz zu bekommen, und der Dogmatism der Metaphysik, d.i. das Vorurtheil, in ihr ohne Kritik der reinen Vernunft fortzukommen, ist die wahre Quelle alles der Moralität widerstreitenden Unglaubens, der jederzeit dogmatisch ist." (KrV B XXX).

[20] Reflexion 6499, AA 19, 35.

[21] Reflexion 6759, AA 19, 150.

[22] Vgl. Søren Kierkegaard, *Furcht und Zittern* [1843], in: *Gesammelte Werke 4*, Düsseldorf-Köln 1962.

[23] Ebd., 56.

[24] Ebd., 78.

[25] Ebd., 64.

[26] Vgl. vor allem ebd., 57–59.

[27] Ebd., 66.

[28] Ebd., 80.

[29] Ebd., 81.

[30] Ebd., 90.

Die Autoren

Kurt Flasch, 1970–1995 Professor für Philosophiegeschichte am Institut für Philosophie der Ruhr-Universität Bochum.

Jürgen Habermas, 1971–1983 Direktor des Max-Planck-Instituts zur Erforschung der Lebensbedingungen der wissenschaftlich-technischen Welt, 1983–1994 Professor für Philosophie an der Johann Wolfgang Goethe-Universität Frankfurt.

Wolfgang Huber, Professor, Bischof der Evangelischen Kirche Berlin – Brandenburg – schlesische Oberlausitz, Ratsvorsitzender der EKD.

Walter Kardinal Kasper, war Professor für Dogmatik an der Katholisch-Theologischen Fakultät der Universität Münster und an der Katholisch-Theologischen Fakultät der Universität Tübingen, seit 2001 Präsident des Päpstlichen Rates zur Förderung der Einheit der Christen.

Aref Ali Nayed, M.A., Ph.D., war Gastdozent am Päpstlichen Institut für arabische und islamische Studien und ist gegenwärtig Berater des Cambridge Inter-Faith Programme der Faculty of Divinity der Universität Cambridge.

Magnus Striet, Professor für Fundamentaltheologie an der Katholisch-Theologischen Fakultät der Albert-Ludwigs-Universität Freiburg.

Knut Wenzel, Professor für Systematische Theologie am Fachbereich Katholische Theologie der Johann Wolfgang Goethe-Universität Frankfurt.

Uwe Justus Wenzel, Dr. phil., Redakteur im Feuilleton der Neuen Zürcher Zeitung (Zuständigkeitsbereich Geisteswissenschaften).

Quellenverzeichnis

Die in diesem Band abgedruckten Texte stellen zum Teil überarbeitete Fassungen folgender Erstveröffentlichungen dar:

Uwe Justus Wenzel, Glaube und Vernunft, Stolz und List. Ein Rückblick auf die Regensburger Rede von Papst Benedikt XVI., in: Neue Zürcher Zeitung, 29. November 2006.

Aref Ali Nayed, A Muslim's Commentary on Benedict XVI's Regensburg Lecture, in: Islamica Magazine, No. 18, 2006, 46–54.

Kurt Flasch, Von Kirchenvätern und anderen Fundamentalisten. Wie tolerant ist das Christentum, wie dialogbereit ist der Papst? Der Schlüssel liegt in der Regensburger Vorlesung, in: Süddeutsche Zeitung, Nr. 239, 17. Oktober 2006, 11.

Jürgen Habermas, Ein Bewusstsein von dem, was fehlt. Über Glauben und Wissen und den Defätismus der modernen Vernunft, in: Neue Zürcher Zeitung, Nr. 34, 10./11. Februar 2007, 30f (Internationale Ausgabe).

Wolfgang Huber, Glaube und Vernunft, in: Frankfurter Allgemeine Zeitung, Nr. 253, 32. Oktober 2006, 10.

Walter Kardinal Kasper, Glaube und Vernunft. Zur protestantischen Diskussion um die Regensburger Vorlesung von Papst Benedikt XVI., in: Stimmen der Zeit 4 (2007), 219–228.

Magnus Striet, Benedikt XVI., die Moderne und der Glaube. Anmerkungen zur Regensburger Vorlesung des Papstes, in: Herder Korrespondenz 60 (2006), 551–554.

Knut Wenzel, Vernünftiger Glaube. Bemerkungen zur Regensburger Vorlesung Papst Benedikts XVI., in: Orientierung 70 (2006), 215–219.